LES CYCLES ÉCONOMIQUES

Une analyse empirique

Dans la même collection

L'économie de la croissance, Philippe Aghion et Peter Howitt.

Économétrie non paramétrique, Ibrahim Ahamada et Emmanuel Flachaire.

Économie monétaire internationale, 3e éd., Agnès Benassy-Quéré.

Mathématiques pour les sciences humaines et sociales, Stefano Bosi.

Fluctuations et politiques macroéconomiques, Édouard Challe.

Méthodes de prévision en finance, Amélie Charles, Olivier Darné et Laurent Ferrara (sous la direction).

Économie géographique – L'intégration des régions et des nations, Pierre-Philippe Combes, Thierry Mayer et Jacques-François Thisse.

Économie de l'assurance, Alexis Direr.

Théorie des jeux et applications, Vianney Dequiedt, Jacques Durieu et Philippe Solal.

Macroéconomie – Modèles dynamiques, Stéphane Gauthier.

Économie des unions monétaires – Institutions et politiques, Hubert Kempf.

Économie publique locale, Benoît Le Maux et Sonia Paty.

Économie du travail et des ressources humaines, David Masclet et Thérèse Rebière.

Économétrie – Théorie et applications, 2e éd., Valérie Mignon.

Économétrie des données de panel – Théorie et applications, Alain Pirotte.

L'économie de la longue période, Gregory Ponthière.

Économie des transports, Émile Quinet, Nicolas Coulombel et David Meunier.

Macroéconomie, Patrick Villieu.

CorpusÉconomie

Sous la direction
Laurent FERRARA
Valérie MIGNON

LES CYCLES ÉCONOMIQUES

Une analyse empirique

ECONOMICA
49 rue Héricart, 75015 Paris

Table des matières

Avant-propos

Laurent FERRARA et Valérie MIGNON

Cet ouvrage présente les travaux du Comité de datation des cycles de l'économie française (CDCEF) dont la mission est d'élaborer une datation de référence des cycles de l'économie française depuis 1970. Ce comité, créé en octobre 2020 au sein de l'AFSE (Association française de science économique), a pour ambition de déterminer aussi précisément que possible quand ont débuté et se sont terminées les phases de récession et d'expansion de l'économie française au cours des cinquante dernières années. En d'autres termes, il s'agit d'identifier les points de retournement du cycle économique français depuis 1970.

Plusieurs arguments justifient l'utilité et l'importance, pour différents publics, de disposer d'une chronologie de référence des points de retournement du cycle économique.

Tout d'abord, l'étude historique des cycles économiques constitue un sujet de recherche de longue date. L'une des raisons tient au fait que les macroéconomistes intègrent fréquemment une dimension cyclique dans leurs travaux, rendant utile le développement de chronologies afin d'aider l'analyse macroéconomique à déchiffrer – et, éventuellement, à anticiper – les fluctuations économiques au travers du cycle. La littérature académique [1] a ainsi proposé différentes chronologies des points de retournement des cycles de l'économie française. Des institutions internationales telles que l'OCDE, le *Conference Board* ou l'*Economic Cycle Research Institute* (ECRI), proposent également des datations des cycles pour la France, ainsi que pour de nombreuses autres économies. Certains pays possèdent déjà une datation de référence des cycles économiques, élaborée et mise à jour par une institution indépendante du gouvernement, de manière à éviter toute interférence politique. Les États-Unis ont été les premiers à proposer, officiellement dès 1978, une chronologie des points de retournement du cycle des affaires en mettant sur pied au NBER un comité de datation [2] (*Business Cycle Dating Committee*), composé actuellement de huit économistes, dont le rôle consiste à déterminer les dates d'entrée et de sortie des récessions américaines. Cette chronologie des récessions, établie par le comité de datation du NBER depuis 1854, fait autorité parmi les économistes et sert de référence à de nombreuses analyses empiriques. En Europe, le *Center for Economic and Policy Research* (CEPR) s'est inspiré de l'expérience américaine et a créé en 2003 un comité de datation, composé actuellement de cinq économistes, afin de proposer une chronologie des points de retournement du cycle des affaires

1. Voir le chapitre 5 pour une revue de la littérature.
2. `https://www.nber.org/cycles/recessions.html`

pour la zone euro [3]. D'autres pays tels que le Brésil, le Canada ou l'Espagne, ont également mis en place des comités de datation, mais leur audience reste relativement limitée auprès du grand public [4].

Ensuite, il s'avère que de nombreux chercheurs ont besoin d'une chronologie de référence pour confronter leurs résultats avec le cycle économique. À titre d'exemple, disposer d'une datation de référence est nécessaire pour les travaux visant à évaluer la qualité des indicateurs avancés du cycle, que ce soit au niveau de leur précision ou de leur caractère « avancé ». Plus généralement, une datation permet également d'établir une classification des indicateurs économiques (avancés, coïncidents ou retardés) par rapport au cycle de référence. Les méthodes de prévision des récessions nécessitent aussi l'utilisation d'une chronologie de référence pour tester la précision et l'avance optimale des prédictions. S'agissant des travaux en macroéconomie incorporant une dimension cyclique, Bec et Ben Salem (2013) montrent le rôle important des stocks dans la dynamique cyclique lors d'une phase de reprise conjoncturelle en sortie de récession, en s'appuyant sur une chronologie des cycles français. Caggiano *et al.* (2014) utilisent les dates des récessions américaines du NBER afin de calibrer des paramètres de leur modèle non linéaire à partir de la fréquence d'apparition des récessions. En économie internationale, il est aussi utile de pouvoir disposer d'une chronologie des cycles d'un pays afin de pouvoir mener des comparaisons cycliques internationales. L'évaluation de la synchronisation des cycles entre pays se base ainsi souvent sur des datations existantes des cycles. Les relations entre cycles financiers et cycles de l'économie réelle ont été récemment remises en évidence, dans la foulée de la crise financière globale (voir par exemple Adrian *et al.*, 2019). La comparaison de ces deux types de cycles s'effectue fréquemment à l'aide de datations historiques, à l'instar des travaux de la Banque des Règlements Internationaux (Borio *et al.*, 2018).

Au total, il apparaît essentiel que l'ensemble des personnes intéressées par les cycles économiques puissent se reposer sur une chronologie commune des points de retournement pour la France, acceptée par le public le plus large. Cet ouvrage répond à ce besoin en proposant une datation des cycles de l'économie française basée sur une méthodologie originale, mêlant approches économétriques et narrative.

Plan de l'ouvrage

À cette fin, l'ouvrage est organisé en 7 chapitres, articulés autour de deux parties. La première partie traite de l'histoire et la méthodologie des cycles. Le chapitre 1 présente ainsi les leçons de l'histoire des cycles économiques avant Keynes, alors que le chapitre 2 est centré sur l'après Keynes. Le chapitre 3 s'inscrit dans la lignée des deux précédents en présentant les définitions et la typologie des cycles économiques. Les aspects méthodologiques relatifs à la mesure et à la modélisation des cycles font l'objet du chapitre 4. La deuxième partie de l'ouvrage propose une application à la France. Le chapitre 5 dresse une revue de la littérature sur la datation des cycles en France. Les résultats des travaux du CDCEF concernant la chronologie des points de retournement du cycle français figurent dans les chapitres 6 et 7 selon la méthodologie en deux piliers adoptée par le comité. Les résultats des approches économétriques sont exposés dans le chapitre 6 et ceux issus de l'approche narrative sont décrits dans le chapitre 7. La conclusion de l'ouvrage fournit une synthèse.

---

3. `https://eabcn.org/dc/news`
4. `https://portalibre.fgv.br/en/codace`, `https://www.cdhowe.org/council/business-cycle-council` et `http://asesec.org/en/committees/spanish-business-cycle-dating-committee/`

Remerciements

Cet ouvrage reprend de nombreux éléments issus de l'article « Les cycles économiques de la France : une datation de référence » publié dans la *Revue économique* (voir Aviat *et al.*, 2023). Les coordinateurs de l'ouvrage et les auteurs des différents chapitres tiennent à remercier le rédacteur en chef de la *Revue économique* ainsi que les deux rapporteurs pour leurs diverses remarques et suggestions. Ils remercient également les personnes suivantes pour les nombreuses discussions qu'ils ont eues sur le sujet des cycles économiques et pour leurs remarques : Jacques Anas, Olivier Blanchard, Olivier Damette, Olivier Darné, Guy de Monchy, Éric Dubois, Jacky Fayolle, Jeff Frankel, Pierre Guérin, Thomas Jobert, Hubert Kempf, Éric Monnet, Pierre Morin, Franck Portier et Julien Pouget.

Première partie

Histoire et méthodologie des cycles

Chapitre 1

Cycles économiques : les leçons de l'histoire avant Keynes

Claude DIEBOLT

Il y a mille et une façons d'aimer l'histoire ; souvent, pour le simple plaisir que procure une compréhension du passé. Pourtant, les économistes en exigent davantage encore : ils aspirent à expliquer, à lui extorquer un enseignement applicable au présent, de surcroît doté d'un pouvoir presque divin, celui d'être en mesure de guider la politique économique et sociale à venir. Lorsque j'ai commencé à étudier l'économie il y a près de quarante ans de cela, l'histoire de la pensée économique était en plein essor. Aujourd'hui, elle est, au mieux, en sommeil, au pire, elle disparaît des cours d'économie. La principale raison de la méfiance à l'égard de ce domaine de spécialité réside certainement dans le fait que la discipline issue de la rencontre entre l'histoire, la philosophie et l'économie est aujourd'hui peu visible et attire peu d'étudiants. Dans une large mesure, j'ai le sentiment que le défi de l'histoire de la pensée économique est désormais de revenir de manière plus systématique sur les grandes questions contemporaines et, ce faisant, de montrer comment l'approche historique peut être utilisée avec avantage pour mieux éclairer, par analogie et sans paralogismes, nombre de questionnements actuels. Bref, il semble important de relancer l'histoire de la pensée économique, aussi afin de participer à l'élaboration de réponses collectives aux enjeux du XXIe siècle. Les chapitres 1 et 2 sont un plaidoyer en faveur de ces principes et une très modeste partie du processus lui-même. Ils présentent une entrée en matière, forcément sélective, à l'histoire des cycles économiques.

1.1 Définition

Une définition généralement acceptée des cycles économiques est celle présentée par Arthur F. Burns (1904-1987) et Wesley C. Mitchell (1874-1948) dans leur ouvrage *Measuring Business Cycles* :

« *Business cycles are a type of fluctuation found in the aggregate economic activity of nations to organize their work mainly in business enterprises: a cycle consists of expansions occurring at about the same time in many economic activities, followed by similarly general recessions, contractions, and revivals which merge into the expansion phase of the next cycle; this sequence of changes is recurrent but not periodic; in duration business cycles vary from more than one year to ten or twelve years; they are not divisible into shorter cycles with amplitudes approximating their own* »[1] (Burns & Mitchell, 1946, p. 3).

La définition des cycles économiques avancée par Burns et Mitchell souligne que les cycles sont récurrents mais pas périodiques. Pour certains, le terme de cycles économiques implique un rythme donné d'activité économique. Décrire le cycle comme récurrent signifie qu'il possède un modèle répétitif de développement – un modèle d'expansion, de récession, de contraction et de relance, suivi d'une nouvelle expansion. Toutefois, le cycle n'est uniforme ni dans ses périodes ni dans son amplitude. Nous ne pouvons pas dire que la phase d'expansion dure toujours X mois et que les mesures de l'activité globale dépassent de Y pour cent le point bas précédent. Les forces de cumul présentent un degré élevé d'uniformité d'un cycle à l'autre. Les hausses et les baisses sont auto-renforcées ; elles se nourrissent d'elles-mêmes, possèdent des caractéristiques similaires et présentent des mouvements approximativement concomitants dans de nombreuses séries différentes. Cependant, rien ne prouve qu'ils se reproduisent sans cesse sous une forme et une amplitude pratiquement identiques. L'achèvement d'un cycle, d'un creux à un creux ou d'un sommet à un sommet, peut prendre de deux à plus de dix ans, et les proportions de la hausse et de la baisse peuvent varier de légères à catastrophiques.

Examinons maintenant les quatre phases du cycle économique – expansion, récession, contraction et reprise – et tentons de résumer les principales caractéristiques de chacune d'entre elles. Il est bon de se rappeler que cette description est l'une des caractéristiques possibles que l'on retrouve uniquement dans une vue composite de tous les cycles. Les caractéristiques trouvées dans une expérience cyclique individuelle peuvent différer dans une certaine mesure des généralisations qui suivent.

Les caractéristiques typiques de l'expansion sont un volume important de production et d'échanges, un niveau élevé d'emploi et des possibilités d'emploi suffisamment nombreuses pour permettre une bonne mobilité de la main-d'œuvre, la hausse des prix des produits de base, la hausse des taux d'intérêt, l'augmentation des prix des titres de participation, un volume croissant d'emprunts au niveau des entreprises et des consommateurs, et un volume important d'investissements en machines, de modifications d'usines et d'ajouts de capacité par les entreprises.

L'essence de l'expansion est la manière dont chacun de ces développements renforce les autres. Il y a un effet boule de neige. À mesure que le commerce et la production se développent, la demande de main-d'œuvre est stimulée et les heures de travail s'allongent. L'augmentation de l'emploi entraîne à son tour un accroissement des salaires qui élargit le marché des biens de consommation et stimule ainsi davantage le commerce et la production. L'expansion de la demande entraîne une hausse des prix des produits finis, des matériaux utilisés pour leur transformation et des services fournis aux

1. « Les cycles économiques sont un type de fluctuation que l'on trouve dans l'activité économique globale des nations qui organisent leur travail principalement dans des entreprises commerciales : un cycle consiste en des expansions se produisant à peu près en même temps dans de nombreuses activités économiques, suivies par des récessions, des contractions et des reprises de même ampleur qui se fondent dans la phase d'expansion du cycle suivant ; cette séquence de changements est récurrente mais non périodique ; en termes de durée, les cycles économiques varient de plus d'un an à dix ou douze ans ; ils ne sont pas divisibles en cycles plus courts dont l'amplitude est proche de la leur. »

entreprises et aux consommateurs. Les perspectives de profit favorables qui découlent de l'expansion générale du commerce et de la production donnent, à leur tour, une nouvelle impulsion, favorisant ainsi une nouvelle augmentation de l'emploi et une nouvelle progression des prix. Les possibilités économiques semblent exister en abondance, et le problème de la plupart des entreprises sera probablement de tirer le maximum de rendement des installations existantes. Les investissements en capital sont encouragés, ce qui donne un nouvel élan à la demande de biens et de services, à l'emploi, aux recettes, au niveau des prix, à la production et au commerce. Ces progrès peuvent à leur tour améliorer les perspectives de bénéfices, maintenir l'optimisme et ainsi stimuler à nouveau les dépenses d'investissement.

Pourtant, des facteurs apparaissent pendant la phase d'expansion qui en limitent l'étendue et la durée. Des tensions qui, bien qu'elles puissent être temporairement surmontées, réapparaissent avec une vigueur renouvelée. Les faiblesses des entreprises s'accumulent vers la fin de la phase d'expansion. Ces faiblesses se traduisent finalement par une compression des bénéfices des entreprises. Les coûts unitaires de production augmentent avec l'accroissement du prix des matières premières et avec la tendance des taux de salaire à dépasser les progrès de la productivité du travail en raison de l'embauche de nouveaux employés moins efficaces et de l'utilisation d'équipements inférieurs aux normes pour atteindre la capacité de production ; la demande accrue de crédit augmente le coût des intérêts pour les emprunteurs ; la hâte de maximiser la production pour répondre à la demande du marché signifie que l'étendue des affaires a tendance à être examinée de moins près.

Tant que les coûts plus élevés peuvent être répercutés sur les consommateurs sous la forme de prix plus élevés, les marges bénéficiaires sont peu affectées. Cependant, il devient de plus en plus difficile d'adopter ce remède de manière universelle. Dans certaines industries, l'optimisme de la phase d'expansion s'est probablement traduit par une expansion de la capacité quelque peu supérieure aux besoins actuels du marché et à toute augmentation de la demande qui aura lieu dans un avenir immédiat. Les nouveaux équipements et installations augmentent considérablement l'offre de biens, et il devient difficile d'accroître davantage les prix de vente. Les bénéfices sont coincés entre la progression des coûts et un niveau de prix soumis à une pression concurrentielle croissante. Des bénéfices moins satisfaisants sont susceptibles de forcer une réévaluation des perspectives du marché et d'influencer négativement le climat de l'opinion des entreprises, en réduisant les plans de dépenses de ces dernières. La réduction des dépenses des entreprises se traduit par une diminution des possibilités d'emploi, moins d'heures supplémentaires, des licenciements probables et des versements de revenus moins importants. Cette évolution peut s'accompagner d'un désir de liquider les stocks pour que leur niveau corresponde davantage aux nouvelles perspectives de vente, moins favorables. Les industries connexes peuvent être obligées de revoir leurs plans de dépenses et de programmation, tout comme les unités de consommation dont les revenus dépendent de ces secteurs de production. Ces développements, à leur tour, influencent les dépenses de détail.

La nouvelle situation de la production et du commerce s'accompagne d'un changement des conditions sur les marchés de la monnaie et du crédit. Durant les premières phases d'expansion, les prêts bancaires augmentent à l'unisson de la croissance des dépôts bancaires. Cependant, dans les derniers stades, les banques s'endettent, c'est-à-dire que le rapport entre les prêts et les dépôts approche d'un niveau au-delà duquel il n'est pas prudent d'aller sous peine d'altérer indûment la liquidité. Les taux d'intérêt augmentent, et des normes plus exigeantes sont fixées pour les nouveaux prêts et les renouvellements. Une structure plus élevée des taux d'intérêt prévaut sur l'ensemble du marché monétaire. La hausse des taux d'intérêt et les difficultés accrues pour obtenir des crédits imposent d'autres restrictions à la capacité des entreprises à poursuivre leur expansion.

Même si certains revenus ne sont pas affectés par l'évolution des perspectives commerciales, le total des versements de revenus diminue. Ceux dont les revenus se maintiennent peuvent tenter de consolider et de rendre plus liquide leur situation financière. Les unités de consommation et les unités commerciales qui ont pu s'endetter pendant la phase d'expansion estiment qu'il n'est pas judicieux d'accroître leur endettement face à des perspectives moins favorables. Elles mettent l'accent sur la réduction de la dette et les dépenses importantes, pour lesquelles un nouveau financement pourrait être nécessaire, sont reportées.

Les caractéristiques de la contraction sont l'inverse de celles de l'expansion. Le volume de la production et des échanges se réduit, l'emploi diminue et le chômage augmente ; les possibilités d'emploi diminuent ; les prix des produits de base baissent ; la structure des taux d'intérêt diminue et les prix des obligations de première qualité augmentent ; les prix des titres de participation diminuent ; la demande d'emprunts de la part des entreprises et des consommateurs est réduite ; il y a des réductions dans les dépenses d'investissement, en particulier dans les dépenses des entreprises en machines, équipements et ajouts d'usines. L'optimisme fait place au pessimisme. Ces évolutions s'accumulent et se renforcent. La baisse de la production et du volume des échanges réduisent la demande de main-d'œuvre. Les heures supplémentaires sont éliminées et l'emploi réduit. Les enveloppes salariales sont plus petites et moins nombreuses, ce qui a un effet défavorable sur le commerce de détail et réduit encore la production. La contraction de la demande entraîne une baisse du prix des matières premières et des prix de gros. La baisse des prix des biens de détail et des services sera probablement plus lente. Les taux salariaux et les taux d'intérêt à long terme réagissent également assez lentement. La baisse des dépenses est plus lente que celle des recettes, ce qui comprime encore davantage les bénéfices ; de nombreuses entreprises enregistrent des pertes. Le pessimisme se généralise et entraîne une nouvelle réduction des plans de dépenses des entreprises et des unités de consommation.

Le fardeau de la contraction n'est pas partagé également par tous les segments de l'économie. La demande des consommateurs pour les biens durables est plus touchée que celle pour les biens non durables. Les biens durables sont particulièrement sensibles à la baisse des salaires versés et aux perspectives de revenus plus faibles. Face à la baisse de la demande, les hommes d'affaires redoublent d'efforts pour liquider leurs stocks et réduire leurs ratios stocks-ventes. L'accumulation des stocks pendant l'expansion se transforme en liquidation pendant la contraction. Les dépenses des entreprises en usines et en équipements sont particulièrement touchées. Les nouvelles commandes d'équipement diminuent, car l'incitation à augmenter la capacité ou à remplacer l'équipement est inexistante lorsque les niveaux d'exploitation sont bas et que l'industrie est généralement surcapacitaire. La liquidation des stocks et la réduction du volume de la production et du commerce diminuent la demande des entreprises en fonds de roulement et en crédits à long terme. Les prêts bancaires diminuent, et la concurrence entre les prêteurs à long terme et les banques pour placer des fonds s'intensifie. La structure des taux d'intérêt diminue à mesure que la demande de titres de créance de qualité supérieure augmente.

Dans la contraction comme dans l'expansion, toutes les forces semblent agir dans la même direction. Un rétrécissement en force d'autres et, par le biais du flux des dépenses, revient réagir sur lui-même. Pourtant, dans la contraction comme dans l'expansion, les relations changent et s'accumulent pour provoquer un renversement dans la direction de l'agrégat. Souvent, l'un des premiers points de retournement se situe sur le marché des actions. La baisse du prix des titres fait baisser le ratio cours-bénéfice de sorte que les actions redeviennent attrayantes et suscitent un regain d'intérêt de la part des investisseurs. Dans les entreprises, des ajustements sont effectués pour améliorer les marges bénéficiaires. Les dépenses sont harmonisées, les gaspillages sont éliminés et l'efficacité est mise en avant. La réorganisation peut servir à réduire les frais généraux, et les dépenses d'exploitation des entreprises manufacturières sont réduites par la baisse du coût des matières premières et l'emploi des travailleurs les plus expérimentés.

Le faible niveau des taux d'intérêt, « l'argent bon marché », signifie que le crédit à court terme et le financement à long terme peuvent être obtenus à des conditions très favorables. En outre, les entreprises manufacturières et commerciales peuvent avoir laissé les stocks atteindre des niveaux minimums ; les réduire davantage serait courir le risque de perdre des ventes. Les marchandises vendues à partir d'un niveau de stock minimum doivent être remplacées, ce qui entraîne de nouvelles commandes. La demande de remplacement peut provenir à la fois des consommateurs et des entreprises commerciales. De nombreuses unités familiales seront appelées à remplacer des biens qui ne sont plus utilisables. Certains achats ne peuvent plus être reportés. Des conditions favorables de crédit à tempérament sont disponibles et peuvent donner un nouvel élan à la production et au commerce. L'industrie sera peut-être confrontée à la nécessité de remplacer des équipements ou des installations qui sont devenus technologiquement obsolètes ou dont la réparation n'est pas rentable. Dans la mesure où ces commandes se concrétisent, la demande est stimulée.

La demande des entreprises et des consommateurs peut être stimulée par le fait que les prix ont baissé pendant la contraction et que l'ampleur de cette baisse est limitée. Les achats peuvent être effectués à des prix avantageux et il n'est guère bénéfique de les retarder.

Ces signes encourageants deviennent de plus en plus nombreux. Ils brisent un mur de pessimisme et, progressivement, un optimisme mesuré émerge. Des améliorations tangibles dans certaines industries, résultant de l'augmentation des dépenses des entreprises et des consommateurs, viennent s'ajouter aux circonstances plus encourageantes. La reprise est en cours, et elle prend de l'ampleur à mesure que l'expansion dans des domaines particuliers s'étend aux segments connexes de l'activité commerciale. Elle peut être accélérée par tout développement favorable, tel qu'une augmentation des achats à l'étranger ou l'introduction d'une technique de coupe importante touchant de nombreux secteurs d'activité. Inversement, la reprise peut être freinée ou ralentie par des événements défavorables extérieurs au système commercial. Quoi qu'il en soit, il y a un effet boule de neige qui, tôt ou tard, conduira l'activité globale à nouveau dans la phase d'expansion.

C'est en prolongement de cette définition que la suite de notre chapitre s'intéresse au développement de la théorie des cycles économiques avant Keynes (1883-1946). Il est, bien entendu, impossible de traiter de manière exhaustive toutes les théories ou de mentionner tous ceux qui ont contribué à la littérature. Ce faisant, nous traiterons le développement de la théorie des cycles, en mettant l'accent sur les idées.

1.2 Les Classiques

Les économistes classiques accordaient peu d'attention aux fluctuations de l'activité économique. Certains des premiers économistes classiques reconnaissaient la possibilité d'une surproduction et d'une crise économique mais, en général, les causes de ces fluctuations étaient placées en dehors du système économique [2].

1.2.1 Say (1767-1832)

Le théorème selon lequel une harmonie naturelle caractérise le fonctionnement du système économique libéral a dominé la pensée des économistes classiques. Lorsque l'on suppose l'existence d'une harmonie naturelle, on ne se préoccupe guère de développer l'explication des pénuries et des crises économiques. L'existence d'une harmonie naturelle dans le nouvel ordre économique libéral a trouvé une expression concrète dans la loi de Say. Selon cette loi, la surproduction générale est impossible.

Dans son *Traité d'économie politique* paru en 1803, Jean-Baptiste Say affirme ce qui suit : toute offre implique une demande ; un produit s'échange contre un produit ; tout produit mis sur le marché crée sa propre demande ; toute demande exercée sur le marché crée sa propre offre (Say, 1815-1821). Ces affirmations énoncent simplement l'interdépendance d'une économie où l'échange est logiquement associé à la spécialisation et à la division du travail.

Si, dans une telle économie, l'offre et la demande globales dépendent entièrement l'une de l'autre, alors on peut nier la possibilité d'une surabondance générale de marchandises. Mais Say était tout à fait disposé à reconnaître que des surabondances pouvaient se produire sur le marché de certaines marchandises. En d'autres termes, une surproduction partielle était possible, un bien étant produit en excès de la demande. La production de ce bien peut entraîner des coûts qui ne peuvent être couverts par le prix du marché, en raison du transfert de la demande vers d'autres produits. Say a suggéré que la surproduction d'un produit signifiait simplement que les autres biens n'avaient pas été produits en quantité suffisante pour répondre au nouveau niveau plus élevé de la demande.

Le mécanisme des prix est le moyen par lequel les ressources sont transférées de la production de la marchandise en excès à la production de celle qui est déficiente par rapport à la demande. La baisse du prix du marché résultant de la réduction de la demande rend la production de ces biens moins rentable que d'habitude, tandis que la hausse du prix du marché reflétant l'augmentation de la demande rend les biens nouvellement favorisés plus rentables qu'auparavant. Les entrepreneurs sont prompts à reconnaître ces opportunités changeantes, à transférer des ressources vers des canaux plus rentables et à corriger ainsi les inégalités de taux de profit qui étaient apparues. Il va sans dire qu'un très haut degré de mobilité des ressources est implicite dans ces formulations.

1.2.2 Ricardo (1772-1823)

David Ricardo, qui a utilisé une approche déductive vigoureuse de la théorie économique, a accepté la loi de Say sur les marchés. Sa position est que personne ne produit sauf dans le but de consommer, soit actuellement, soit à partir d'une production future. En d'autres termes, les humains vendent dans l'intention d'acheter une autre marchandise à consommer actuellement, ou

2. Les développements qui suivent reprennent, pour partie, la chronologie de Diebolt (2009).

dans le but de faciliter la production future par la formation de capital. Si les offres et les demandes individuelles sont en équilibre, il ne peut y avoir de déséquilibre dans l'offre et la demande globales. Comme Say, Ricardo souligne que l'excédent d'une marchandise entraîne le retrait du capital, de la main-d'œuvre et des matériaux de cette marchandise pour la production de biens dont la demande a augmenté. La négociation du transfert de ces ressources pour fournir le nouveau produit corrigerait la dislocation temporaire.

Dans son ouvrage *Principes de l'économie politique et de l'impôt* paru en 1817, Ricardo a un chapitre intitulé « Des changements brusques dans les voies du commerce » dans lequel la possibilité de surproduction et de crise est reconnue. Comment concilier cela avec l'acceptation d'une harmonie naturelle au sein du système économique, implicite dans la loi des marchés ? La réponse se trouve dans la conviction de Ricardo, selon laquelle la surproduction générale reflète l'impact de puissantes forces exogènes sur le système économique. Vivant pendant les guerres napoléoniennes, il a vu leur impact sur les conditions économiques et financières en Angleterre. Les guerres, les impôts et les changements de mode pouvaient modifier de façon radicale et assez soudaine la rentabilité des différentes branches de l'industrie, obligeant le système économique à une période d'adaptation. Si le pays concerné est relativement riche, avec des réserves de capital raisonnablement abondantes et une certaine spécialisation de la main-d'œuvre, l'ajustement aux nouvelles circonstances peut être difficile.

Le fait significatif est, cependant, que Ricardo a placé les causes de la crise économique complètement en dehors du fonctionnement du système économique. Cela rend l'existence d'une surproduction générale compatible avec une harmonie inhérente.

1.2.3 Malthus (1766-1834)

Dans son ouvrage *Principes d'économie politique, considérés sous le rapport de leur application pratique* paru en 1820, Thomas Robert Malthus, contemporain de Ricardo, avance le concept de demande effective et remet en cause la loi du marché telle qu'énoncée par Say et acceptée par Ricardo. Malthus définit la demande effective comme celle qui permet au producteur de récupérer ses coûts. Les coûts comprennent les paiements aux facteurs de production, plus le taux de profit en vigueur. Selon lui, la condition de base pour stabiliser la production est que les producteurs soient en mesure de vendre leur production à un prix qui couvre les coûts des facteurs, plus un profit. Malthus se demandait comment cela pouvait être réalisé. Il affirmait que le capitaliste paiera moins au travail productif qu'il ne s'attend à obtenir lorsqu'il vendra le produit de ce travail. Cela signifie que la somme des salaires versés au travail productif est inférieure à la valeur des produits mis sur le marché, et il s'ensuit que la demande effective du travail productif ne sera jamais assez importante pour libérer le marché des biens à un prix permettant au capitaliste d'obtenir un taux de rendement acceptable. Il est concevable que l'excédent de produits puisse être consommé par les capitalistes eux-mêmes, mais une telle consommation ostentatoire par cette classe était peu probable selon Malthus.

Cette source potentielle de conflit dans le système économique est surmontée par la contribution à la demande effective apportée par les classes improductives (noblesse terrienne, domestiques, etc.). Les consommateurs improductifs permettent au capitaliste d'obtenir le profit sans lequel un arrêt de la production serait nécessaire.

Une autre source de demande effective en dehors du marché était également soulignée par Malthus. Il s'agit des travaux publics, qui peuvent renforcer la demande de biens si les composantes privées de la demande effective diminuent en intensité. Les travaux publics augmentent la demande de biens sans accroître l'offre disponible dans le cadre de l'économie de marché. Par exemple, lors de la construction de routes publiques, Malthus a souligné que les producteurs recevaient un revenu sans mettre les produits en vente sur le marché.

Un autre aspect des écrits économiques de Malthus est important pour l'étude des cycles économiques. Il s'agit de la question de la formation du capital. Selon Ricardo, si la surproduction générale est impossible, il s'ensuit que l'accumulation excessive de capital est également hors de question. En d'autres termes, le capital, quelle que soit la vitesse à laquelle il s'accumule, peut toujours être utilisé de manière productive.

Sur ce point, Malthus a émis de sérieux doutes et a suggéré la possibilité d'un déséquilibre entre l'épargne ou la formation de capital, d'une part, et la consommation courante, d'autre part. Il affirmait que les tentatives d'accumulation rapide du capital devaient impliquer une diminution de la consommation improductive. Il est évident que la consommation du travail productif ne peut être réduite dans ces circonstances. Mais si la consommation improductive est contrôlée, l'une des sources de la demande effective est affaiblie et, avec elle, l'une des incitations à la production.

Cette formulation implique la possibilité d'un déséquilibre entre l'épargne et la consommation et les débuts de l'explication « sous-consommationniste » simple de la crise économique. Ainsi, la demande effective peut être insuffisante pour absorber le plus grand volume de biens découlant d'une capacité de production accrue.

Malthus avait des doutes quant à l'harmonie inhérente du système économique et, par conséquent, il s'est attaqué à la possibilité d'une instabilité en indiquant les zones de conflit possibles. Il s'agissait notamment de la relation entre le capitaliste et le travail productif en ce qui concerne le partage des produits, le rôle des consommateurs improductifs et des travaux publics dans le maintien de la demande effective, et la possibilité du développement d'une relation insoutenable entre le taux d'épargne et le taux de consommation.

1.2.4 Marx (1818-1883)

Contrairement à sa structure théorique élaborée qui prédisait la désintégration éventuelle du système économique capitaliste, Marx n'avait pas d'explication bien définie et clairement énoncée des cycles économiques. Pourtant, avec Clément Juglar (1819-1905), il a été l'un des premiers à discerner l'existence d'un modèle rythmique dans l'activité économique.

Son ouvrage *Das Kapital* paru en 1867 est truffé d'observations concernant le schéma récurrent de l'évolution des affaires. Joseph Schumpeter (1883-1950) a relevé certaines des observations faites par Marx, celles reprises et amplifiées par les auteurs ultérieurs des cycles économiques. Il s'agit notamment de la manière dont l'utilisation de la monnaie peut entraver le fonctionnement de la loi du marché de Say ; de la manière dont la disponibilité de fonds prêtables à de faibles taux d'intérêt peut expliquer des dépenses d'investissement disproportionnées dans les industries de biens durables ; des effets de stimuli spéciaux, tels que l'ouverture de nouveaux marchés ou l'émergence de nouveaux besoins sociaux, dans la motivation de poussées soudaines dans la formation de capital, et de la nature de l'expansion et de la contraction de la production.

De nombreux chercheurs ont indiqué la tendance de Marx à établir un lien entre la crise commerciale décennale récurrente qu'il observait et la crise à long terme qui conduirait finalement à l'évolution du capitalisme. Cependant, il ne s'est pas étendu sur la relation précise existant entre la crise cyclique, d'une part, et la crise du capitalisme, d'autre part. D'autres chercheurs ont suggéré que Marx devait être classé, comme Malthus, parmi les théoriciens qui proposent une explication « sous-consommationniste » du cycle économique. C'est une conclusion qui peut être tirée de certaines parties des écrits de Marx et de ceux dont la position est comparable à celle de Marx, comme Sismondi et Rodbertus par exemple. Un élément cyclique possible dans la théorie de Marx est toutefois sa suggestion de l'impact qu'une baisse du taux moyen de profit aurait sur les actions du capitaliste.

Une explication théorique de la crise des entreprises peut être dérivée de la classification de l'industrie de Marx en (i) industries produisant des biens de production (biens utilisés dans la production d'autres biens) et (ii) industries produisant des biens actuellement consommés.

Il s'agit d'une division de l'industrie que l'on retrouve dans de nombreuses théories du cycle économique. Le produit de chaque secteur de l'économie est égal à la valeur des matériaux utilisés, des biens d'équipement et des bénéfices des entreprises (valeur excédentaire). Ces segments de l'économie, bien qu'ils puissent être distingués sur le plan conceptuel, n'existent pas en pratique dans des États isolés. Il est évident que dans une société caractérisée par la spécialisation et la division du travail, ils sont interdépendants. Le problème est de trouver et de maintenir des conditions d'équilibre dans l'échange (i) des machines et des matériaux produits dans les industries de biens de production et recherchés dans les industries de biens de consommation, et (ii) des biens de consommation produits dans les industries de biens de consommation et recherchés dans les industries de biens de production. En fait, il s'agit d'un équilibre qui pourrait être facilement maintenu dans une économie stationnaire à flux circulaire, c'est-à-dire une économie dans laquelle il n'y a pas de croissance et dans laquelle la formation de capital prend la forme d'un remplacement.

Dans ces circonstances, la production de biens de production est simplement orientée vers le remplacement des installations de capital dans les industries de biens de production et de biens de consommation. Cependant, lorsque la formation nette de capital a lieu dans les deux secteurs de l'économie, des complications apparaissent. Les industries de biens de production doivent se développer plus rapidement que le secteur des biens de consommation pour que le capital puisse être accumulé. Mais les conditions d'équilibre de la croissance économique sont difficiles à atteindre, et un certain nombre de facteurs peuvent intervenir pour empêcher un développement harmonieux. Une accumulation trop rapide du capital peut se produire dans le secteur des biens de production. Ou bien, par exemple, le taux de remplacement annuel peut être supérieur ou inférieur au taux d'amortissement et perturber le bon déroulement de l'activité économique. Dans une économie interdépendante, utilisant du capital, des déséquilibres dans la relation entre les industries de biens de production et de biens de consommation sont probables et, lorsque l'économie est divisée en deux secteurs, le type simple d'ajustement des facteurs impliqué par la loi du marché de Say n'est tout simplement pas possible.

On trouve ainsi dans l'œuvre de Marx les germes de plusieurs théories bien établies sur les cycles économiques. Même s'il n'a jamais formellement avancé une théorie des crises économiques, la véritable signification de Marx dans ce domaine de la connaissance est que, comme Juglar, il a été parmi les premiers à reconnaître et à commenter avec une grande perspicacité la nature rythmique de l'activité économique.

1.3 Les Néoclassiques

Le groupe des néoclassiques comprend un grand nombre de chercheurs dont l'approche du problème est extrêmement variée. Leur point commun est l'acceptation des préceptes de la pensée économique orthodoxe et leur application à l'analyse des cycles économiques. De ces présupposés, ils ont tiré des théories qui peuvent être classées en grandes catégories. La présentation qui suit, le traitement des grandes lignes de ces explications théoriques, ne respecte pas la chronologie historique.

1.3.1 Hawtrey (1879-1975)

Le défenseur le plus connu d'une explication purement monétaire est l'économiste britannique R.G. Hawtrey. Il est bien connu que la masse monétaire est élastique, augmentant pendant les périodes d'expansion de l'activité économique et diminuant en période de contraction de l'activité.

L'explication purement monétaire fait remonter les variations de la demande effective inhérentes au cycle économique aux mouvements du crédit bancaire et de la masse monétaire disponible.

L'analyse de Hawtrey s'applique principalement à une partie de la période de l'étalon-or avant 1914. Au cœur de son explication du cycle économique se trouve ce qu'il appelle le « commerçant », c'est-à-dire tout marchand de biens, qu'il soit fabricant, grossiste ou détaillant. En raison de la gamme de produits qu'ils proposent et du grand nombre d'acteurs des deux côtés du marché avec lesquels ils traitent, les commerçants sont dans une position qui leur permet d'avoir une vue d'ensemble des conditions. Leurs coûts sont en grande partie les coûts d'obtention des fonds de roulement nécessaires pour les stocks de marchandises qu'ils doivent détenir. Ils sont donc exceptionnellement sensibles, en tant que groupe, aux variations du taux d'intérêt à court terme. Les mouvements à la hausse ou à la baisse de leurs coûts d'emprunt ont une influence significative sur leurs marges opérationnelles.

L'explication de Hawtrey sur le tournant supérieur du cycle est la suivante. Une réduction de la marge des commerçants les amène à réduire leurs nouvelles commandes aux fabricants. Une réduction du taux de commande ne peut que conduire tôt ou tard à un ralentissement du taux de production au niveau de la fabrication. La rapidité avec laquelle elle se fera sentir dépendra du niveau des commandes non exécutées qui existait auparavant. En réponse à la diminution des commandes, les fabricants réduisent leurs opérations ; les paiements de revenus et l'emploi diminuent ; les prêts bancaires se contractent ; et les unités économiques ont tendance à conserver les liquidités plutôt que de les dépenser. Une réduction des dépenses signifie, bien sûr, une réduction de la demande au niveau de prix existant. Si les distributeurs pensent que cette réduction est permanente, les prix vont également baisser. La lenteur de la vente des marchandises entraîne de nouvelles réductions des commandes par les commerçants, avec d'autres effets défavorables sur la production manufacturière, l'emploi et les paiements de revenus. La spirale descendante de l'activité commerciale s'installe.

Les facteurs sur lesquels Hawtrey insiste sont la baisse de la demande effective et l'absorption régulière de liquidités. Cette dernière prend deux formes : (i) le retour des liquidités dans le système bancaire par la réduction de l'encours des prêts bancaires et (ii) la détention de plus grands soldes de liquidités inactives par les unités de dépense, c'est-à-dire quelque chose d'équivalent à la description de Keynes de l'augmentation de la préférence pour la liquidité.

La transformation de cette contraction en une dépression de grande ampleur, comme en 1929-1933, dépendra de ce que Hawtrey appelle le développement d'une « impasse du crédit ». Cela se produit lorsqu'il n'y a pas d'incitation à accroître les facilités de crédit et que les banques, ne trouvant aucun débouché pour leurs fonds dans cette direction, modifient la composition de leurs portefeuilles en entrant sur le marché en tant qu'acheteurs de titres en circulation à plus long terme. Hawtrey met l'accent sur le transfert du crédit bancaire des prêts à court terme aux entreprises (prêts de fonds de roulement aux commerçants) vers le marché des investissements et sur la réticence de ce dernier à utiliser ces fonds pour de nouveaux instruments de capital en raison d'évaluations moins favorables de la demande future. Le remède de Hawtrey à cette situation est une réduction soudaine du taux d'intérêt à court terme, suffisante pour encourager les commerçants à augmenter leurs commandes de biens et stimuler ainsi un regain d'activité au niveau de la fabrication.

Le début de l'expansion de l'activité commerciale est lié à un taux d'intérêt bas, qui rend possible des transactions jusqu'alors jugées peu attrayantes. De plus, la contraction précédente a permis de reconstituer les réserves bancaires. Cela prépare le terrain pour un cycle d'expansion du crédit. Sous l'impulsion des faibles taux d'intérêt pour les fonds de roulement, qui offrent une marge plus favorable aux commerçants, ces derniers soumettent un plus grand volume de nouvelles commandes aux producteurs.

En général, selon Hawtrey, les producteurs vont d'abord répondre à l'augmentation du volume de commandes de leur part, et cela sera suivi d'une hausse de la production. À leur tour, les producteurs ont besoin d'un crédit accru pour financer l'augmentation de la production. La volonté du système bancaire d'accommoder les emprunteurs fait avancer la hausse cumulative. À mesure que l'expansion se poursuit, les hausses de prix se généralisent. Hawtrey prend soin de souligner que l'arrêt de la liquidation des stocks, l'augmentation du taux de production et la hausse des prix se chevauchent pendant l'expansion. Par exemple, même au début de la reprise, certaines industries fonctionneront presque à pleine capacité, et un taux de production plus élevé ne sera possible que si les prix augmentent. La hausse des prix encourage l'augmentation de la production, ce qui accroît encore les besoins en crédits. L'argent circule plus rapidement, les soldes de trésorerie inutilisés sont utilisés, et les pressions s'intensifient pour l'obtention de crédits auprès des banques.

Il devient de plus en plus difficile pour les banques de développer le crédit. Elles sont accaparées par le crédit et deviennent plus sélectives dans leurs prêts en triant les emprunteurs et en prélevant un taux d'intérêt plus élevé. Les pressions sur les réserves bancaires sont également accrues par les demandes plus importantes de pièces et de devises qui accompagnent la prospérité des affaires. Dans des conditions d'étalon-or, le retrait de pièces des réserves du système bancaire pour la circulation interne et la baisse générale de la liquidité bancaire forcent le renversement de la politique de crédit.

Les taux d'intérêt élevés, en particulier, affectent les marges d'exploitation des commerçants et déclenchent la contraction cumulative déjà décrite.

Hawtrey a déclaré que la politique de crédit restrictive des banques, due à la nécessité de protéger les réserves et les liquidités, met un terme à l'expansion cumulative. Il ne voit aucun obstacle de nature non monétaire sur la voie de l'expansion indéfinie. De plus, selon lui, la durée du cycle dépend de la rapidité avec laquelle l'expansion et la contraction du crédit se déroulent.

1.3.2 Hayek (1899-1992)

Le surinvestissement est une explication théorique commune aux auteurs néoclassiques. Il existe plusieurs courants au sein de cette classification, certains mettant l'accent sur des facteurs monétaires, d'autres sur des facteurs non monétaires, et d'autres encore soulignant la manière dont un changement de la demande à un stade du système commercial amplifie son effet lorsqu'il s'étend à d'autres parties de notre structure économique. Le thème central qui traverse ce groupe est le surdéveloppement des industries produisant des biens d'équipement par rapport à celles produisant des biens de consommation. C'est un fait bien connu que les industries de biens d'équipement et de consommation durables présentent une amplitude cyclique plus importante que les industries produisant des biens et des services qui sont actuellement consommés. Par commodité, nous pouvons classer les biens de consommation durables, tels que les automobiles et les appareils ménagers, et la construction résidentielle comme des industries de biens d'équipement.

L'essence de l'approche du surinvestissement est que la plus grande sensibilité cyclique des industries des biens d'équipement est le symptôme d'une grave inadaptation qui se développe pendant une phase d'expansion économique. Pendant la phase d'expansion, les industries des biens d'équipement deviennent surdéveloppées par rapport aux industries qui répondent aux besoins actuels des consommateurs. Le surdéveloppement qui apparaît dans les dernières phases de la prospérité ne peut être maintenu en permanence. Il en résulte un désajustement de la relation structurelle entre les industries de biens d'équipement, d'une part, et les industries de biens de consommation, d'autre part, ce qui conduit à un tournant supérieur et à l'effondrement de la prospérité. Cette explication est très différente de l'approche strictement monétaire, où l'effondrement est attribué à une insuffisance des réserves bancaires.

Beaucoup de ceux qui favorisent l'explication du surinvestissement ont décrit la circonstance dans laquelle la production dans les industries des biens d'équipement est trop étendue par rapport à la croissance dans les secteurs de consommation comme une condition de déséquilibre vertical ou de désajustement vertical. Selon eux, aucun élément perturbateur n'est introduit dans l'activité économique si les décisions de la population concernant la répartition de son revenu entre la dépense et l'épargne correspondent à la répartition des facteurs de production entre les industries de biens de consommation et de biens d'équipement. En revanche, un désajustement vertical ou un élément perturbateur est introduit lorsque les décisions de dépense et d'épargne diffèrent de la répartition des ressources économiques entre les secteurs des biens d'équipement et des biens de consommation.

Aucune des branches de l'explication du surinvestissement ne considère le cycle économique comme un phénomène purement monétaire, bien que dans chacune d'elles le système monétaire se voit attribuer un rôle dans le processus cyclique. Dans l'une des approches, il joue un rôle déterminant dans l'apparition de l'inadaptation de la structure de production ; dans les autres, il devient le moyen par lequel les forces non monétaires plus actives agissent.

Friedrich von Hayek est l'un des principaux défenseurs de la théorie du surinvestissement monétaire. Son explication théorique et l'approche qu'il utilise s'inscrivent dans la tradition néoclassique. L'élément perturbateur du cycle est, selon lui, l'altération arbitraire du système des prix, qui entrave le flux naturel de l'activité économique. La difficulté particulière est centrée sur le mécanisme du crédit. L'explication de Hayek sur le tournant supérieur est plus développée que son analyse du cycle complet.

La production est divisée en biens de production (tous les biens utilisés directement ou indirectement et dans la production de biens de consommation) et en biens de consommation. Les hommes d'affaires dans l'ensemble doivent constamment décider comment répartir leurs ressources entre la production pour la consommation courante et la production pour la consommation future, tandis que les consommateurs sont confrontés au problème de la répartition de leur revenu monétaire courant entre la consommation et l'épargne. Tant que ces décisions correspondent, c'est-à-dire si les consommateurs divisent leur demande monétaire dans les mêmes proportions que les hommes d'affaires répartissent leurs ressources productives entre la production de biens de consommation et de biens de production, les intentions des deux groupes sont compatibles. Lorsque les intentions sont compatibles, l'épargne monétaire est canalisée vers les biens d'équipement, et le taux d'intérêt en vigueur assure l'équilibre entre les plans d'épargne des consommateurs et les besoins des entrepreneurs en fonds d'investissement.

Mais l'existence de deux ensembles d'intentions dans deux groupes très différents est une source potentielle de perturbation dans un système économique dynamique. Un autre facteur de perturbation, extrêmement important pour l'explication de Hayek, est le système bancaire. Supposons, par exemple, que l'offre de monnaie disponible augmente. Cela a pour effet de faire baisser le taux d'intérêt en dessous de son niveau d'équilibre, car le crédit bancaire complémente les fonds d'emprunt disponibles grâce à l'épargne volontaire des consommateurs. Les hommes d'affaires réagissent à la baisse du taux d'intérêt, qu'ils considèrent apparemment comme permanente, en affectant davantage de ressources à la production de biens d'équipement. Les dépenses d'investissement accrues des hommes d'affaires, financées par le crédit bancaire, augmentent les revenus monétaires totaux, soit parce que les salaires sont augmentés pour attirer les travailleurs vers les industries de biens de production, soit parce que l'ajout de travailleurs auparavant au chômage gonfle les salaires. Le revenu des consommateurs croît et produit une augmentation de leur demande. Il en résulte une hausse du niveau des prix à la consommation.

La demande plus intense de biens de consommation n'aura aucun effet sur l'activité d'investissement tant qu'un crédit bancaire suffisant sera disponible pour offrir les ressources nécessaires à la réalisation des projets d'investissement aux industries de biens de consommation. L'hypothèse ici est que les consommateurs n'ont pas volontairement augmenté la proportion de leurs revenus en argent épargné. Cette surenchère de ressources d'un type de production à un autre est un cercle vicieux. Le crédit bancaire accordé pour financer de nouveaux projets d'investissement donne lieu à des paiements de revenus qui gonflent encore le flux de la demande des consommateurs. Selon Hayek, la demande des consommateurs finit par augmenter par rapport à l'accroissement des fonds disponibles pour l'investissement. Les consommateurs prennent le dessus, car les banques voient leurs limites de réassurance atteintes ou refusent tout simplement d'accorder plus de crédit, de peur qu'une spirale inflationniste des prix ne détruise le système monétaire.

Le retrait des banques du marché du crédit entraîne une hausse des taux d'intérêt, ce qui contrarie les attentes des hommes d'affaires qui ont entrepris des investissements en supposant une source de fonds disponible et le maintien de taux d'intérêt favorables ; ils constatent maintenant que tous leurs coûts ont augmenté. Ils sont découragés par la hausse des taux d'intérêt et l'insuffisance des fonds disponibles pour réaliser leurs projets. Les biens d'équipement nouvellement créés restent inutilisés et les projets d'investissement connexes doivent être abandonnés. Comme les banques ne peuvent pas prêter et que les consommateurs n'épargnent pas, les hommes d'affaires ne disposent plus des fonds nécessaires pour maintenir la demande de biens d'équipement. Fondamentalement, le tournant supérieur n'est pas atteint à cause du surinvestissement, mais en raison de la surconsommation : le détournement des ressources au détriment des biens des producteurs, laissant inachevés les processus productifs nouvellement lancés. Ce n'est que si les consommateurs acceptent de dépenser moins et d'épargner davantage que les intentions des consommateurs et des entrepreneurs pourront s'harmoniser et que l'effondrement sera évité. Dans les derniers stades de la prospérité, la pénurie de certains biens d'équipement peut se développer en raison d'un manque de fonds. En l'absence de ces biens d'équipement spécifiques et des fonds nécessaires pour financer leur achèvement, une contraction est inévitable.

La conséquence nécessaire de ces désajustements est la déflation et la dépression. Les banques contractent le crédit, les entreprises liquident leurs stocks et renforcent leur trésorerie, le niveau des prix baisse, le taux de profit passe en dessous des taux d'intérêt monétaires, et les ressources sont libérées des industries de biens de production plus rapidement qu'elles ne peuvent être absorbées dans la production de biens de consommation. Il en résulte un chômage à grande échelle. Ce n'est que lorsque la spirale déflationniste aura suivi son cours et que le pessimisme aura cédé la place à un optimisme mesuré qu'une nouvelle reprise s'amorcera.

1.3.3 Spiethoff (1873-1957)

Arthur Spiethoff a développé une théorie largement connue et acceptée du surinvestissement dans les cycles économiques. Il s'est fortement appuyé sur l'approche statistico-historique associée à l'école historique allemande et s'est inspiré de l'analyse des cycles de Juglar, le premier universitaire à reconnaître l'existence d'un rythme cyclique dans l'activité économique.

Spiethoff a commencé par identifier quatre catégories de marchandises :

1. Les biens de consommation courante (nourriture, logement, et autres) ;
2. Les biens de consommation durables et semi-durables (logement, installations de services publics, etc.) ;
3. Capital fixe (mines, chemins de fer, centrales électriques, machines, usines, briqueteries et cimenteries, etc.) ;
4. Matières premières nécessaires à la construction de biens durables (bois, ciment, briques, fer, acier, etc.).

Spiethoff a visualisé une reprise comme ayant pour origine une branche des industries de biens d'équipement, peut-être par le biais d'un changement technologique, tel qu'un nouveau processus de réduction des coûts, ou par des opportunités de développement dans un pays sous-développé.

Quelle qu'en soit la cause, l'expansion dans des secteurs sélectionnés introduit une phase d'expansion économique générale.

La reprise s'accompagne d'une forte demande de matières premières nécessaires à la construction de biens durables, tels que le fer et l'acier, le bois, le ciment, le verre, la brique et d'autres matériaux de construction. Par conséquent, il est essentiel d'investir pour accroître la capacité de ces industries. Les usines existantes seront agrandies et de nouvelles viendront compléter celles des biens de consommation durables et des biens d'équipement. Spiethoff souligne que pendant la majeure partie de la reprise, lorsque de nouveaux investissements sont en cours, l'offre de produits finis est limitée à la quantité produite par les installations sortantes. Toutefois, à mesure que de nouvelles usines entrent en production, l'offre devient plus abondante, notamment en ce qui concerne les matières premières nécessaires à l'expansion de la capacité des industries de biens durables.

La saturation du marché des biens d'investissement se manifeste de plusieurs manières. Il y a une limite à la demande de biens d'équipement ; les besoins d'investissement sont progressivement satisfaits et les possibilités d'expansion future diminuent. L'effet de l'augmentation des moyens de production est encore plus important. Par exemple, une grande partie des nouveaux biens d'équipement construits pendant le *boom* est utilisée pour les matières premières et la demande est dérivée de la production continue de ces biens d'équipement. La concurrence devient plus vive et la possibilité d'augmenter les prix disparaît sous le flot de marchandises produites par les nouvelles installations.

Spiethoff reconnaît également l'influence des circonstances financières dans l'apparition du tournant supérieur. Au cours des premières phases de l'expansion, les fonds oisifs ont été utilisés pour financer les biens d'équipement et, à mesure que la reprise progressait, le crédit bancaire a également été utilisé à cette fin. Cependant, dans les dernières phases de prospérité, seule l'épargne provenant du revenu courant cherche des débouchés pour les investissements. Les fonds oisifs ont été absorbés, et le coussin de réserve pour l'hébergement bancaire n'existe plus. Les bénéfices des entreprises constituent une source importante d'épargne et, vers le tournant supérieur, ils sont comprimés par la hausse des salaires et des autres coûts. Ainsi, l'offre d'épargne n'est plus suffisante pour financer le niveau d'investissement nécessaire à l'absorption de la production des industries de biens d'équipement.

Le problème fondamental est l'impossibilité d'utiliser toute l'offre de matières premières et d'équipements pour construire davantage de biens d'équipement et de biens de consommation durables. Ces secteurs de l'activité économique ont été surdéveloppés. L'inévitable réduction de la production dans les industries des biens d'équipement s'étend au secteur des biens de consommation et déclenche une baisse cumulative des revenus et de l'emploi. La reprise attend l'émergence de nouvelles opportunités d'investissement.

1.3.4 Schumpeter (1883-1950)

Une explication qui favorise le rôle des innovations dans le déclenchement de l'investissement est assez étroitement liée à l'approche de l'investissement non monétaire, bien qu'avec un accent très différent. Les innovations comprennent les changements dans les techniques de production, l'ouverture de nouveaux marchés ou de nouveaux territoires, et le développement de nouvelles marchandises ; essentiellement, les changements dans la façon de faire qui génèrent des profits. Plusieurs auteurs ont souligné que les cycles économiques sont accessoires aux changements industriels et constituent le moyen par lequel les nouveaux produits et techniques entrent et sont absorbés par les processus économiques. Ici, de manière générale, le cycle économique est le moyen par lequel le progrès économique se traduit par une augmentation de la production par habitant et du niveau de vie. J.A. Schumpeter et D.H. Robertson ont adopté cette position.

Schumpeter s'inscrit dans la tradition néoclassique, car il a utilisé les outils de la théorie économique néoclassique et intégré une analyse théorique du cycle économique dans la structure générale de la pensée économique. Il considère le cycle comme un élément indispensable du système capitaliste et comme le partenaire inévitable de la croissance et du changement économiques. Dans sa formulation, le cycle économique est le moyen par lequel l'économie passe d'une position d'équilibre statique à une seconde dans laquelle la production par habitant et le niveau de vie sont plus élevés.

Schumpeter est l'un des rares spécialistes du cycle à avoir tenté de combiner une approche déductive avec une analyse statistique et historique. Pour lui, la compréhension du cycle économique signifiait un champ d'investigation qui englobait l'évolution du processus capitaliste lui-même.

Schumpeter analyse d'abord les développements cycliques dans un cycle à deux phases. Il commence son exposé dans ce qu'il appelle le voisinage de l'équilibre, une situation dans laquelle les ressources sont pleinement utilisées et où il n'y a aucune incitation à changer les méthodes de production ou les habitudes de consommation. Les entreprises savent à quelles ventes s'attendre et ont adopté la combinaison la plus efficace de ressources productives. En fait, la société est stationnaire. Selon l'auteur, commencer l'analyse du changement à partir de ce point permet d'appréhender l'impact complet des innovations.

Une série de changements consistant, disons, en de nouveaux procédés de fabrication et de nouveaux produits, peut prendre des années avant de devenir pleinement opérationnelle, selon leur taille et leur portée. Par exemple, il a fallu attendre un demi-siècle pour que les effets du développement des chemins de fer se fassent pleinement sentir. Dans une société statique, les innovations sont financées par la création de crédits. Le crédit bancaire donne à l'innovateur les fonds avec lesquels il peut offrir des ressources productives hors de leur emploi existant. La nouvelle demande augmente les prix et les coûts. Les recettes des ventes augmentent et la prospérité se répand dans toute l'économie. Cette période de prospérité peut se traduire par une augmentation faible ou nulle du flux de biens et de services. Il y a une période de gestation pendant laquelle les nouvelles installations et les nouveaux équipements sont en construction. Ce n'est que lorsque ces nouvelles installations sont opérationnelles et que leurs produits arrivent sur le marché que les effets se font pleinement sentir. Ensuite, dans les industries compétitives où les procédés et les produits peuvent être devenus obsolètes, un processus de réajustement à la nouvelle situation a lieu. En ce qui concerne le crédit bancaire, les innovateurs utilisent le produit de leurs ventes pour rembourser les prêts bancaires, la masse monétaire se contracte et on assiste à un retour progressif à une nouvelle position d'équilibre. Dans ce modèle simple du cycle économique à deux phases, la prospérité consiste en une période de gestation pendant laquelle les changements prennent une forme tangible ; la dépression représente les ajustements inévitables qui doivent se produire dans les industries et les secteurs concurrents lorsque les effets de l'innovation se font pleinement sentir. La production totale et par habitant augmente. Ainsi, le passage d'une position d'équilibre à une autre signifie un changement dans la manière de faire les choses et un progrès économique. C'est là, la première approximation de Schumpeter ou le cycle à deux phases.

Schumpeter a reconnu qu'en réalité, nous avons un cycle à quatre phases, et non à deux phases. Le cycle a quatre phases en raison de phénomènes secondaires : les hommes d'affaires agissent sur les taux de changement qu'ils observent. Pendant une période de prospérité, lorsque les innovations sont en gestation, les tendances spéculatives deviennent proéminentes. Les entreprises interprètent à tort la hausse des prix et l'augmentation du rythme de l'activité comme une cause d'expansion générale de leur capital. L'optimisme est contagieux et se propage à la fois aux hommes d'affaires et aux consommateurs. Les uns et les autres recherchent des crédits supplémentaires, les entreprises pour financer de nouvelles installations, les consommateurs pour augmenter leur consommation dans l'attente de revenus définitivement plus élevés. Cependant, deux facteurs mettent un terme à ce *boom*. Premièrement, une fois que leurs nouveaux procédés ou produits sont sur le marché, les innovateurs remboursent leurs prêts bancaires, ce qui entraîne une déflation du crédit. Cela a un effet dépressif sur le niveau des prix. Deuxièmement, les nouveaux procédés ou produits exercent une pression concurrentielle supplémentaire sur les concurrents non innovateurs, qui se retrouvent pris dans un resserrement des coûts et des prix. Ils réduisent leur production, et les plus faibles sont liquidés.

En raison des excès spéculatifs de l'expansion, l'économie est contrainte à une période de réajustement qui l'amène en dessous d'une position d'équilibre. Après que le déclin se poursuive pendant un certain temps, les forces naturelles relancent l'économie, et elle progresse vers une nouvelle position d'équilibre. Schumpeter insiste sur le fait que l'analyse du cycle économique doit se situer entre une position d'équilibre et une autre. Commencer l'examen du cycle à un autre point, par exemple en commençant par un sommet et en suivant son cours jusqu'au sommet suivant, revient à détourner l'attention du rôle des forces innovatrices.

Schumpeter a suggéré que des cycles économiques de durée différente étaient expérimentés simultanément. Il a estimé qu'il était raisonnable de croire que l'activité économique ne se résume pas à un seul mouvement ondulatoire. Chacune d'entre elles pourrait être associée à des innovations d'importance variable, dont certaines mettraient plus de temps à produire leur plein effet que d'autres. C'est la troisième approximation de Schumpeter du cycle économique : la coexistence d'une longue vague d'une durée de soixante ans environ (cycles de type Kondratieff), d'une deuxième vague de dix ans environ (cycles de type Juglar) et d'une troisième fluctuation mineure d'une durée de quarante mois (cycles de type Kitchin).

1.3.5 Robertson (1890-1963)

D.H. Robertson se situe à cheval entre la tradition néoclassique et les travaux de John Maynard Keynes (1883-1946) et des post-keynésiens. Robertson met également l'accent sur le rythme inégal auquel le progrès se produit. Les modifications des coûts d'exploitation réels d'une industrie spécifique, ainsi que les modifications de l'intensité de la demande relative des industries pour leurs produits respectifs, nécessitent des ajustements structurels. Une question fondamentale pour Robertson est de savoir quelles fluctuations de la production méritent d'être favorisées par la politique publique.

Robertson distingue les mouvements appropriés et inappropriés de la production. Les changements appropriés sont des mouvements initiaux dans des secteurs spécifiques de l'économie, associés, par exemple, à des changements technologiques, et des ajustements d'accompagnement dans d'autres secteurs, dont aucun ne doit être inversé, c'est-à-dire qu'aucun ne va trop loin. Il existe en outre des mouvements inappropriés, c'est-à-dire des mouvements qui vont trop loin et doivent être inversés. Ainsi, dans l'économie, les variations inappropriées de la production se superposent à celles qui représentent l'impact des changements séculaires et structurels, et elles ne peuvent être distinguées de ces dernières qu'avec difficulté.

La société devrait-elle essayer d'éliminer toutes les fluctuations inappropriées ? Pour répondre à cette question, Robertson souligne que les mouvements inappropriés résultent en grande partie des imperfections de l'économie de marché, notamment les suivantes :

1. Une grande partie du capital réel est indivisible en unités finies et nettes. Pour prendre un exemple extrême, si une compagnie d'électricité a besoin d'une capacité hydroélectrique supplémentaire, elle ne peut pas barrer une partie de la rivière pour produire ce dont elle a besoin actuellement. Elle doit construire l'ensemble de l'installation. La capacité de production ne peut pas être adaptée précisément aux besoins actuels du marché.
2. Les installations et les équipements sont durables, de sorte que leur remplacement ne doit pas se faire à un rythme régulier.
3. Des erreurs de calcul peuvent facilement se produire parce que les hommes d'affaires sont incomplètement informés des plans de leurs concurrents, et qu'ils ne peuvent pas juger des conséquences des actions entreprises simultanément par les concurrents.
4. La longueur de la période de gestation intensifie les difficultés inhérentes aux trois premières circonstances. Plus il faut de temps pour construire de nouveaux instruments de capital, plus il y a de place pour les mauvais calculs et les erreurs.

Robertson souligne que dans le monde réel, les changements initiaux donnent lieu à tout un ensemble de réactions, certaines appropriées et d'autres inappropriées, et qu'il n'est pas facile de démêler les unes des autres. Nos efforts ne peuvent pas viser uniquement à encourager les mouvements appropriés, car éliminer les mouvements inappropriés par des orientations politiques et les actions qui en découlent reviendrait à modifier radicalement nos valeurs économiques, sociales et politiques. Le rythme des mouvements appropriés pourrait être ralenti en conséquence directe de telles actions. Selon Robertson, le problème pour la société est d'orienter la politique de manière à obtenir une relation optimale entre l'ajustement des changements appropriés aux améliorations technologiques, les changements des coûts réels et des préférences des acheteurs et les fluctuations inappropriées. Cette relation est un principe directeur qui ne peut être énoncé avec une précision mathématique simplement parce qu'il repose sur les valeurs sociales, politiques, humaines et économiques sous-jacentes de la communauté.

En ce qui concerne la reprise cyclique proprement dite, Robertson indique que pendant une période d'expansion de la formation de capital, les prix et les profits augmenteront à mesure que les ressources seront détournées vers la construction d'installations ne produisant aucun résultat courant. L'épargne volontaire ne peut financer le volume de formation de capital entrepris. L'expansion monétaire se produit pour attirer les ressources vers les dépenses d'investissement et pour répondre à la demande des unités de dépense qui souhaitent disposer d'une masse monétaire plus importante pour soutenir le volume plus important des transactions. La hausse des prix et des profits associée à l'expansion monétaire fournit toutefois aux hommes d'affaires des incitations qui s'avèrent illusoires et conduisent à des cycles supplémentaires de dépenses en capital. Progressivement, cependant, les instruments nouvellement construits déversent des quantités supplémentaires de biens et de services pour la consommation courante. La concurrence s'intensifie, et les prix et les bénéfices s'affaiblissent. Les biens d'équipement deviennent une surabondance sur le marché, et le système économique se trouve confronté à des problèmes de digestion et de réajustement qu'il ne peut pas résoudre. Robertson suggère que, dans l'étude du tournant supérieur, il faudrait se demander si l'épargne et les dépenses d'investissement ont évolué à un rythme qui, compte tenu de la technique de l'industrie moderne et de la nature des désirs des hommes, ne peut pas être soutenu continuellement sans se diriger vers le malaise et le désordre.

Le ralentissement est une conséquence directe de la saturation dans les domaines spécifiques de l'investissement où une expansion inappropriée a eu lieu, c'est-à-dire où les ajustements ont dépassé la limite. Parfois, le ralentissement est le résultat de la limitation des fonds prêtables que les autorités bancaires centrales sont disposées à rendre possible par l'expansion de l'assiette des réserves des banques commerciales en activité. Une banque centrale trop laxiste entraînerait une hausse excessive du niveau des prix. L'argument monétaire prend toute sa force dans le document intitulé *Banking Policy and the Price Level* publié en 1926. Le problème est de maintenir les fluctuations inappropriées dans des limites modérées, et Robertson estime que la politique monétaire peut jouer un rôle important dans la réalisation de cet objectif en contrôlant étroitement la masse monétaire.

1.3.6 Pigou (1877-1959)

Les anticipations jouent un rôle majeur dans ce que l'on peut appeler les explications psychologiques du cycle. On s'intéresse à la manière dont les entreprises et les autres unités de consommation réagissent aux stimuli économiques et non économiques. Il est certain que la plupart des approches des fluctuations cycliques reconnaissent l'importance des réactions humaines dans la détermination du cours des événements économiques. John Maynard Keynes, par exemple, à la différence des keynésiens, accordait une grande importance aux anticipations dans l'élaboration des décisions commerciales.

L'un des auteurs les plus importants que l'on peut classer parmi les membres de cette école est l'économiste néoclassique anglais Arthur Cecil Pigou. Tout en soulignant que les erreurs de calcul des hommes d'affaires concernant les conditions futures du marché sont les plus importantes dans les cycles récurrents, Pigou a également fait remarquer qu'il n'y avait aucune raison logique de penser que les causes sous-jacentes qui donnent lieu à des réactions cycliques des entreprises ne soient pas plurielles.

Pigou souligne que les changements dans le niveau de l'activité économique surviennent principalement en réponse à des changements dans les attentes. Certains changements dans les attentes ont pour origine des causes soit monétaires, soit réelles. Dans le premier cas, il s'agit de causes monétaires autonomes, telles que les grandes découvertes d'or qui, dans les conditions de l'étalon-or d'avant 1914, se reflétaient directement dans la masse monétaire, ou, alternativement, l'irresponsabilité fiscale d'un gouvernement souverain qui refusait constamment d'équilibrer son budget. En général, cependant, Pigou considérait les arrangements monétaires et de crédit comme des circonstances sur lesquelles réagissaient des facteurs psychologiques et réels.

Quatre facteurs réels sont à l'origine des variations dans les attentes des hommes d'affaires en matière de bénéfices :

1. Les variations de la récolte ;
2. Les inventions ;
3. Les changements dans les goûts et les préférences des consommateurs ;
4. Les changements dans la demande étrangère.

Parmi ces facteurs, il considère les deux premiers comme les plus importants. Ils représentent des changements dans les conditions industrielles réelles et toute attente basée sur eux est valide. Ainsi, une amélioration majeure des techniques de production dans les industries manufacturières, telle que l'automatisation, affecte les attentes de rendement des dépenses industrielles ; et des changements dans le taux et la direction de l'activité commerciale s'ensuivent. Les changements réels, tels que les améliorations technologiques, peuvent déclencher des influences psychologiques, c'est-à-dire que la prospérité réelle résultant de l'adaptation généralisée de la nouvelle technique peut amener les individus à adopter une vision indûment optimiste.

À ce stade de l'argumentation, l'approche psychologique diffère en importance des autres écoles. Les hommes d'affaires portent constamment des jugements sur l'avenir, décisions qui sont nécessaires pour planifier la portée de leurs opérations à court terme et pour prendre des engagements à long terme. Mais comme les conditions industrielles évoluent de manière discontinue et inégale, des erreurs de prévision peuvent facilement se produire. Les erreurs peuvent également provenir de lacunes dans les informations pertinentes. Pigou suggère que de telles erreurs dans notre société sont presque certaines de se généraliser ; les erreurs optimistes des uns n'annulent pas les erreurs pessimistes des autres. La nature contagieuse de l'opinion des entreprises et l'interdépendance économique et financière des entreprises contribuent toutes deux à la tendance des erreurs de prévision à se généraliser. Supposons, par exemple, que A achète à B sur la base de l'évaluation par A des besoins du marché. Mais si A a surestimé les besoins, cette erreur sera répercutée à B sans doute de façon plus importante que la situation réelle ne le justifie, ce qui, à l'évidence, gonflera le volume des commandes que B passe à ses fournisseurs. Les liens physiques et financiers étroits entre les entreprises deviennent le moyen par lequel les erreurs d'optimisme ou de pessimisme s'accumulent dans le monde des affaires. Ces erreurs de prévision donnent lieu à d'importantes fluctuations du niveau de l'activité économique globale.

Les erreurs généralisées dans une direction entraînent des erreurs de type opposé. L'explication du tournant supérieur est qu'un niveau d'activité développé sous l'influence d'erreurs d'optimisme excessif se traduit, après une période de gestation, par un flux accru de marchandises sur le marché. La période de gestation varie, bien entendu, selon le type de produit ; les vêtements et les centrales hydroélectriques ont des périodes de gestation différentes. Les erreurs d'optimisme seront reconnues lorsque la concurrence se durcira et que les marges bénéficiaires se réduiront. Cette découverte met un terme aux tendances optimistes, les nouvelles commandes sont réduites, les plans à court et à long termes sont réévalués et le niveau d'activité commerciale est au point mort. Le fait que, pour un grand nombre d'entreprises, les résultats réels ne soient pas à la hauteur des attentes, tandis que d'autres peuvent enregistrer des pertes, ne laisse aucune place à d'autres erreurs d'optimisme. L'optimisme cède la place à un pessimisme exagéré plutôt que mesuré. Un pessimisme excessif succède à un optimisme excessif. Le tournant inférieur n'est atteint que lorsque l'erreur de pessimisme excessif est détectée.

1.3.7 Jevons (1835-1882) et Moore (1869-1958)

Certains des premiers membres du groupe néoclassique considéraient que les fluctuations cycliques étaient le résultat de phénomènes naturels.

L'élément perturbateur du cycle lui-même représente l'adaptation des processus économiques à cette perturbation. Fondamentalement, la périodicité des affaires est expliquée par les changements de la production agricole associés aux cycles météorologiques. Les conditions solaires affectent le temps, le temps affecte la production agricole, et la production agricole influence les conditions générales des affaires. Les noms les plus fréquemment associés aux théories de la nature sont W.S. Jevons, H.S. Jevons (1875-1955) et Henry L. Moore.

Moore analyse les statistiques des précipitations dans la partie centrale des États-Unis et trouve la preuve d'un cycle de huit ans. Il fait correspondre le comportement des précipitations avec la production de fonte et les mesures du niveau général des prix ; il découvre que la production de fonte est décalée de deux ans et le niveau des prix de quatre ans par rapport aux variations des précipitations. Sur la base de ces décalages, il a suggéré une relation significative entre les cycles des précipitations, les cycles des cultures et les cycles de l'activité économique globale.

L'argument est le suivant. Une pluviométrie plus importante se traduit par un meilleur rendement des cultures. La demande de produits agricoles étant assez inélastique, une offre accrue entraîne une baisse considérable des prix. Ainsi, les matières premières agricoles sont moins chères pour les acheteurs industriels, et le segment non agricole de l'économie est stimulé par la réduction des prix des matières premières. Cependant, une production industrielle en expansion entraîne une augmentation de la demande de produits agricoles, et le prix de ces derniers augmente à nouveau. En même temps, la position de l'offre de produits agricoles peut être affaiblie par le cycle des pluies. Bien que le niveau inférieur des prix agricoles soit temporaire, il suffit à déclencher une hausse cumulative.

Les théories de W.S. Jevons et de son fils, Herbert, sont assez similaires. Ils ont lié les cycles des précipitations, le facteur dominant affectant la production agricole, à l'activité des taches solaires. Selon eux, les changements dans la production agricole jouent un rôle causal dans les changements dans l'activité économique globale.

Les méthodes statistiques de ces auteurs ont été remises en question et leurs résultats n'ont en aucun cas été vérifiés. La question est de savoir si l'importance de l'agriculture a été suffisamment grande pour être le facteur causal des fluctuations cycliques de l'économie globale. L'agriculture est une industrie importante à l'échelle nationale et, dans certaines régions, elle est d'une importance prépondérante. Cependant, il faudrait remonter aux années antérieures à 1914 pour trouver qu'elle est l'industrie la plus importante de la nation. L'agriculture n'a cessé de perdre du terrain depuis cette époque. Après la Seconde Guerre mondiale, les agriculteurs étaient dans une position beaucoup moins favorable que le segment non agricole de l'économie, mais leurs difficultés n'ont pas régi le cours de l'économie dans son ensemble. On peut en dire autant des années 1920, où, pendant une période prolongée après 1920, des ajustements économiques majeurs ont eu lieu dans l'agriculture.

Des études fiables mettent en doute l'hypothèse de Moore-Jevons. L'agriculture est liée à l'économie par les dépenses et les recettes monétaires. Des facteurs autres que les variations de l'offre dues à la météo influencent ce flux de revenus et de dépenses.

1.4 Les *outsiders*

Examinons maintenant les travaux de ceux que l'on peut qualifier d'*outsiders*, ceux qui ont écarté les préceptes néoclassiques en tant que guide satisfaisant dans l'étude du cycle économique.

1.4.1 Veblen (1857-1929)

Certains auteurs considèrent les fluctuations cycliques comme une partie inhérente de notre système économique, enracinée dans nos institutions et nos processus commerciaux. Ce n'est qu'en étudiant en détail le fonctionnement des institutions de notre économie moderne et en analysant les interrelations entre les institutions et diverses autres forces économiques que nous pouvons espérer améliorer de manière significative notre compréhension des cycles économiques.

L'un des premiers à adopter cette approche fut Thorstein Veblen. Veblen était très impressionné par le rôle central joué par les bénéfices dans notre système économique et estimait que les fluctuations cycliques ne pouvaient être comprises qu'en examinant les prix, les bénéfices et la capitalisation dans l'entreprise commerciale. Il soulignait le rôle important que les actifs incorporels jouaient dans la structure du capital des entreprises et le fait que leur évaluation dépendait des bénéfices potentiels de l'entreprise. La perspective d'une amélioration des ratios de profit augmente la capitalisation des entreprises ; une réduction des ratios de profit les diminue.

Une reprise représente une demande actuelle et future plus favorable dans un secteur de l'économie. Les prix dans ce secteur augmentent, les bénéfices s'améliorent et l'optimisme concernant les perspectives commerciales s'accroît. La hausse des prix de vente dépasse celle des coûts, et les bénéfices nets plus favorables augmentent la capitalisation des entreprises (bien qu'ils n'augmentent pas nécessairement la capacité physique) et fournissent ainsi une base pour des emprunts plus importants, ce qui valide une nouvelle expansion, et le processus devient cumulatif. Il durera aussi longtemps que la hausse des prix sera supérieure à celle des coûts. Mais il ne peut durer indéfiniment : les salaires, les coûts des matières premières, les intérêts et autres charges fixes augmentent progressivement ; les marges bénéficiaires sont alors comprimées. Les bénéfices réalisés et potentiels diminuent.

Les prêts sont évalués de manière plus prudente, car les actifs corporels et incorporels semblent surcapitalisés en termes de réduction des marges bénéficiaires. La contraction est enclenchée lorsque les doutes se généralisent quant à la solidité des relations entre débiteurs et créanciers, fondées sur des ratios de bénéfices antérieurs plus favorables. Si les créanciers font pression sur les débiteurs pour qu'ils les paient en croyant que ces derniers sont surcapitalisés, les débiteurs sont obligés de liquider leurs biens pour rembourser les prêts ; les prix chutent ; et le repli entraîne un ralentissement cumulatif de l'activité commerciale.

1.4.2 Mitchell (1874-1948)

Wesley C. Mitchell a été très influencé par Veblen. Pour Mitchell, les fluctuations cycliques étaient naturelles dans une économie monétaire caractérisée par la spécialisation, la division du travail et l'utilisation généralisée d'instruments de capital. Les théoriciens qui cherchaient à élaborer des principes généraux du cycle économique étaient, selon lui, insuffisamment informés des phénomènes auxquels ils avaient affaire. La tâche qu'il s'est fixée est de développer un matériel factuel couvrant toutes les facettes de ce qui se passe pendant un cycle économique. Pour Mitchell, les analyses comprenant toute la complexité des phénomènes dont il s'agit de chercher la cause avaient une probabilité accrue permettant de construire un modèle réaliste du cycle à l'aune duquel diverses explications pourraient être jugées. Ce travail, il l'a poursuivi avec vigueur pendant près de trente ans au sein de l'organisme qu'il a contribué à fonder, le *National Bureau of Economic Research* (NBER). Pourtant, on a accusé Mitchell de faire preuve de timidité à l'égard de la théorie économique dans ses travaux. Il est peut-être plus exact de dire qu'il respectait la théorie économique mais qu'il estimait que les outils forgés par les théoriciens classiques et néoclassiques n'étaient pas les moyens les plus adaptés pour comprendre le comportement économique.

Pour Mitchell, la réalisation de profits est un fait institutionnel de la plus haute importance. Tout ce qui affecte les affaires exerce son influence par le biais d'un seul facteur : les perspectives de profits. Ce facteur est devenu le point central de ses études et le principal indice à suivre dans toute analyse des transactions commerciales. Cela a conduit le NBER à faire œuvre de pionnier dans le domaine du revenu national et de sa distribution, bien avant que ces mesures ne deviennent des informations communément acceptées, mais aussi dans l'observation détaillée et la classification des cycles économiques.

Si Mitchell avait une théorie du cycle économique, elle pourrait être classée au mieux comme une approche auto-génératrice. D'une certaine manière, il est injuste de tenter de classer Mitchell. Il suggère que dans n'importe quelle phase du cycle, certaines forces émergent qui, par l'influence qu'elles exercent sur les bénéfices, préparent le terrain pour une transition inévitable vers une phase suivante. Les cycles économiques tournent sans cesse, chaque phase se développant à partir de la précédente et se fondant dans la suivante. Mitchell a reconnu qu'il n'y avait pas deux cycles économiques exactement semblables, car la situation à un moment donné est fonction non seulement de la phase du cycle économique, mais aussi de toute une série de forces, telles que les méthodes, les produits et les techniques, les changements dans les pratiques monétaires et financières, les changements dans les relations patronales-syndicales, les conditions agricoles, la politique intérieure et les relations internationales, et bien d'autres encore. À tout moment, cet ensemble de forces est mis à contribution dans les perspectives de profit et tend ainsi à accélérer ou à ralentir le rythme des affaires. Notons ici que cela soulève de nombreuses questions pertinentes sur les relations tendance-cycle.

Selon Mitchell, les conditions favorables à une reprise de l'activité économique apparaissent pendant la dépression. Il s'agit notamment de la faiblesse des prix et des coûts d'exploitation, de la disponibilité du crédit bancaire, du développement d'une demande de remplacement importante et de la nécessité de reconstituer les stocks. Une fois que la reprise s'installe, elle se développe de manière cumulative. Le commerce s'améliore, le nombre d'employés augmente, les heures de travail s'allongent et le climat des affaires s'améliore. Le rythme de l'amélioration peut être accéléré par un événement extérieur tel que l'introduction d'un nouveau produit remarquablement populaire. Les prix ont tendance à augmenter lentement et les bénéfices s'améliorent. Une reprise en boule de neige est en cours.

La prospérité prend fin, selon Mitchell, à cause des tensions qui apparaissent pendant la phase d'expansion. Il s'agit notamment d'une augmentation progressive du coût des affaires, d'un resserrement des marchés de l'investissement et des marchés monétaires qui rend beaucoup plus difficile le financement de nouveaux projets, d'une diminution des nouvelles commandes de biens d'équipement, certaines industries constatant que la croissance de la demande se stabilise, d'une augmentation des sorties de biens et de services et de l'incapacité des entreprises, dans un marché plus concurrentiel, à maintenir leurs bénéfices en répercutant leurs coûts plus élevés sur les consommateurs. Les bénéfices chutent, et les perspectives sont à la baisse. Des réajustements deviennent nécessaires ; la production, l'emploi et le commerce diminuent ; et ces changements s'accumulent dans des conditions typiques de la récession et de la dépression.

1.5 L'approche de la sous-consommation

Le cœur de l'approche de la sous-consommation est qu'une trop grande proportion du revenu est consacrée à la formation du capital, de sorte qu'il existe une tendance chronique à ce que la capacité de production dépasse la demande des consommateurs.

La sous-consommation ou l'excès d'épargne comme cause des fluctuations économiques est une vieille doctrine qui a une longue histoire. Parmi les premiers partisans de la sous-consommation figurait Thomas Robert Malthus (1766-1834) et, plus récemment, on retrouve cet argument dans les écrits de William T. Foster (1879-1950) et Waddill Catchings (1879-1967) aux États-Unis, de John A. Hobson (1858-1940) en Angleterre et d'Emil Lederer (1882-1939) pour les pays de langue allemande.

L'argument est que le revenu d'une communauté peut être divisé en deux parties : ce qui est produit et consommé actuellement, et ce qui est produit et non consommé (épargné sous forme d'instruments de capital). La sur-épargne prend la forme d'instruments de capital en excès par rapport à ce qui est nécessaire pour satisfaire les besoins actuels des consommateurs. Il est possible de produire plus de biens que les gens n'ont d'argent pour en acheter. Cette approche ressemble à certaines formes de théories de surinvestissement déjà abordées. Par exemple, J.A. Schumpeter et D.H. Robertson mentionnent tous deux que les pressions concurrentielles augmentent au point de retournement supérieur, car les nouvelles installations de production produisent un flot de marchandises qui ne peut être absorbé. La différence entre l'approche de l'excès d'épargne et certaines formes de l'approche de l'excès d'investissement non monétaire est essentiellement une question liée à l'importance du phénomène.

Le problème est un écart entre l'épargne et l'investissement dû à une épargne excessive. L'épargne augmente la capacité de production plus rapidement que la croissance de la demande globale des consommateurs. Le volume de l'épargne tend à dépasser les possibilités d'investissement disponibles. La question à laquelle le sous-consommateur doit répondre est la suivante : si l'épargne est excessive, pourquoi n'y a-t-il pas de compensation de l'investissement ? Une explication facile ne peut être trouvée que si l'investissement est lié très étroitement à la demande des consommateurs. L'introduction de facteurs tels que l'évolution technologique, la croissance démographique et l'expansion géographique rend une explication satisfaisante beaucoup plus difficile.

1.5.1 Hobson (1858-1940)

Hobson part du principe qu'il existe un taux d'épargne global qui permet une croissance économique régulière et continue.

L'excès d'épargne est le « méchant ». En d'autres termes, il existe un taux optimal d'épargne collective compatible avec l'expansion économique. Cependant, l'épargne globale est composée de la somme de l'épargne personnelle et de l'épargne des entreprises, et la proportion du revenu que la communauté souhaite épargner est souvent en conflit avec ce taux optimal. Lors d'une reprise cyclique, une proportion plus importante que durable des ressources économiques peut être consacrée à l'augmentation du stock d'instruments de capital. La capacité de ces derniers à produire des biens et des services dépasse le potentiel du marché, et il en résulte une surabondance générale. Au cours de la phase descendante, la production et les revenus chutent, et l'épargne réelle est inférieure à ce qui est nécessaire pour maintenir même le stock existant de biens d'équipement. Les opportunités du marché apparaissent à nouveau et l'expansion reprend.

Le problème consiste alors à concilier le taux d'épargne global réel et optimal. Hobson, comme d'autres analystes, souligne qu'une proportion très importante de l'épargne globale est le fait des groupes à revenu élevé de la société. La sur-épargne peut être corrigée par une répartition plus équitable des revenus. Ainsi, les mesures qui permettraient une distribution plus équitable sont les conclusions politiques auxquelles Hobson est amené à adhérer.

1.5.2 Foster (1879-1950) et Catchings (1879-1967)

L'approche de Foster et Catchings est légèrement différente, bien que la cause fondamentale de la fluctuation cyclique reste l'excès d'épargne. Ils affirment que pendant une période d'expansion économique, les achats des consommateurs ne suivent pas le rythme de la production, ce qui est la cause ultime du ralentissement de la production. Les particuliers comme les entreprises reconnaissent le caractère souhaitable de l'épargne. En effet, le type de monde dans lequel ils évoluent leur impose d'épargner. L'utilisation finale de l'épargne est de créer des instruments de capital, qui ajoutent à l'offre disponible de biens et de services en raison de l'augmentation de la capacité de production. L'augmentation de la production peut ne pas être entièrement compensée par une hausse correspondante du revenu monétaire des consommateurs, de sorte que la production supplémentaire doit rester invendue ou être vendue à des prix inférieurs. En fait, l'épargne fait baisser les prix en raison de l'augmentation de la productivité résultant de l'accroissement du stock de biens d'équipement.

L'augmentation de la masse monétaire peut-elle corriger cette situation ? L'expansion des moyens de circulation n'assure pas l'absorption complète par les consommateurs du flux de biens et de services. La monnaie, disent Foster et Catchings, est augmentée principalement pour faciliter la production de biens, et les biens doivent être vendus aux consommateurs avec une majoration, ou pour plus de recettes de vente que ce qu'elle a fourni par l'augmentation initiale de la masse monétaire. En outre, l'épargne des particuliers et des entreprises est utilisée pour le développement d'instruments de capital qui ajoutent à la capacité de production. L'épargne n'est pas utilisée pour acheter des biens déjà sur le marché. Il faut donc un flux de revenu monétaire vers les consommateurs qui, après déduction de l'épargne, soit toujours à peu près égal au flux de produits finis. L'argent est fourni pour la production de biens, et il devient nécessaire de fournir de l'argent en abondance pour la consommation si l'on souhaite que le progrès économique se produise à un rythme raisonnablement régulier.

Une autre forme de l'approche de la sous-consommation attire l'attention sur la tendance des prix et des bénéfices à augmenter plus rapidement que les salaires pendant les périodes d'expansion économique. Ce décalage incite encore plus l'investissement. Les salariés, dont les dépenses représentent l'essentiel de la consommation, voient leur pouvoir d'achat insuffisant pour absorber la production de ces installations. La cause fondamentale du déclin est le manque de demande effective des consommateurs. La récession qui a commencé au milieu de 1929 a souvent été expliquée en ces termes.

Plusieurs des théories examinées dans la section précédente ont mis l'accent sur les divergences dans la relation épargne-investissement comme étant le point central de l'analyse du cycle et le plus susceptible de révéler les facteurs menant aux phases récurrentes d'expansion et de contraction. L'approche revenu-dépense de l'analyse des cycles représente un mélange d'emphases dans un nouveau cadre analytique sur la relation épargne-investissement et le flux circulaire des paiements de revenus.

John Maynard Keynes est l'économiste qui a fourni le cadre analytique et qui a également contribué à l'affinement de la relation épargne-investissement dans ses travaux antérieurs.

Deux précurseurs de Keynes, dont les travaux l'ont clairement influencé, sont Knut Wicksell, de l'école suédoise, et D.H. Robertson, économiste de Cambridge et collègue de Keynes. Il est tout à fait justifié de parler du développement par Wicksell-Robertson-Keynes de l'approche revenu-dépense de l'analyse du cycle économique en dépit du fait que l'œuvre majeure de Keynes, la *Théorie générale de l'emploi, de l'intérêt et de la monnaie*, est souvent considérée comme la plateforme de lancement d'une nouvelle économie. Dans la mesure où la *Théorie générale* est interprétée non pas comme une déclaration de l'insuffisance chronique de la demande effective, mais plutôt comme un modèle illustrant l'absence de raisons intrinsèques pour lesquelles le volume de la demande effective devrait toujours être suffisant pour absorber une production de biens et de services de plein emploi, nous considérons que Keynes s'inscrit dans la tradition de l'école suédoise et de Robertson.

1.5.3 Wicksell (1851-1926)

Wicksell a reconnu l'interconnexion entre la monnaie, le taux d'intérêt et les instabilités qui font partie intégrante de la relation épargne-investissement. Sa principale préoccupation n'était pas le cycle économique proprement dit, mais le problème de la fluctuation du niveau des prix, et la tentative de fournir une explication de ce dernier en intégrant la théorie monétaire et la théorie des prix.

Auparavant, la théorie des prix et la théorie monétaire avaient été cloisonnées de manière assez rigide. Le niveau des prix était généralement décrit comme une fonction de la quantité de monnaie, mais Wicksell a tenté d'appliquer les concepts conventionnels d'offre et de demande, jusqu'alors appliqués uniquement à l'explication des mouvements de prix des marchandises individuelles, à l'analyse des changements du niveau des prix. Les concepts d'offre et de demande étaient intégrés à l'impact des fluctuations de la quantité de monnaie sur le niveau général des prix.

Wicksell a souligné le fait que les processus d'épargne et d'investissement étaient menés par différents groupes de la société réagissant à différentes incitations, de sorte qu'il n'existe aucune raison logique à leur égalité. Ce que l'économie globale souhaite dépenser en biens de consommation et en biens d'équipement peut ne pas être égal à la valeur de ce qui est actuellement produit. L'offre globale et la demande globale ne sont pas nécessairement égales, et la loi de Say sur les marchés est inapplicable à l'analyse à court terme.

Dès lors, de quelle manière les changements de la demande globale ou de l'offre globale peuvent-ils influencer le niveau des prix ?

Selon Wicksell, le taux d'intérêt naturel est égal au taux de rendement marginal attendu du capital réel nouvellement créé. Le taux d'intérêt du marché, ou le prix payé pour les fonds sur le marché des capitaux, est opposé au taux naturel. Si ces taux sont égaux, l'économie est en position d'équilibre, la demande d'épargne est égale à l'offre disponible. L'épargne est égale à l'investissement, et le flux circulaire des revenus et des dépenses est maintenu, sans incitation à l'expansion ou à la contraction. Mais il n'y a aucune raison pour que le taux d'intérêt naturel et le taux d'intérêt du marché soient égaux. Le taux naturel peut s'élever en raison du progrès technique ou commercial et dépasser le taux du marché, ou le coût de l'obtention de capitaux d'emprunt. Une autre cause de perturbation serait une baisse du taux du marché à un niveau inférieur au taux naturel lorsque les autorités bancaires complètent l'offre disponible de fonds prêtables par des politiques de crédit libérales. Wicksell pensait que les fluctuations du taux naturel seraient le facteur de perturbation le plus habituel.

L'existence d'un écart entre le taux d'intérêt naturel et le taux d'intérêt du marché déclenche un processus d'expansion ou de contraction cumulative et entraîne des fluctuations du niveau général des prix. Par exemple, si le taux de rendement anticipé des nouvelles dépenses d'investissement dépasse le taux d'intérêt du marché, la demande de fonds prêtables dépassera l'offre d'épargne volontaire. L'écart sera comblé par l'expansion monétaire ou par une réduction des liquidités. Les entreprises utiliseront plus de matériaux et emploieront plus de main-d'œuvre à mesure que le rythme de l'activité économique augmentera. L'augmentation des paiements aux facteurs de production entraîne à son tour une hausse des prix des biens de consommation. Ces derniers serviront à augmenter la valeur du capital, qui dépend de la valeur actuelle d'un flux de gains futurs actualisés au taux d'intérêt actuel. Ce flux de gains est renforcé par l'augmentation du niveau des prix des biens de consommation. On peut s'attendre à ce que l'expansion cumulée et la spirale des prix se poursuivent tant que le taux naturel dépasse le taux du marché. Une situation inverse, dans laquelle le taux du marché dépasse le taux naturel, entraînerait une contraction cumulative.

L'explication de Knut Wicksell sur le processus cumulatif d'expansion et de contraction peut être distinguée de sa vision du cycle. Dans l'analyse cyclique, il s'est étroitement allié à A. Spiethoff et à la position de D.H. Robertson, décrite précédemment. Il attribue les cycles à des causes réelles indépendantes des mouvements des prix. Les prix jouent un rôle secondaire dans l'initiation du cycle, bien qu'ils puissent avoir une influence critique dans l'explication des points de retournement. La cause principale des cycles réside, selon lui, dans le fait que le progrès technique et commercial ne peut maintenir le même rythme de progression que la population et ses besoins matériels. Le changement technologique est par nature irrégulier, tantôt rapide, tantôt retardé. L'exploitation des développements se fait le plus rapidement possible, ce qui entraîne le regroupement des dépenses d'investissement qui caractérise chaque période d'expansion. La capacité accrue résultant de ces nouvelles dépenses d'investissement, associée à un ralentissement du progrès technique, affaiblit les forces d'expansion. Les dernières phases de l'expansion sont compliquées par les écarts entre le taux naturel et le taux d'intérêt du marché, car, dans ces périodes, les variations du pouvoir d'achat de la monnaie causées par des politiques de crédit défectueuses produisent une intensification des fluctuations industrielles enracinées dans le facteur réel indiqué.

En résumé, les formulations théoriques de Wickell soulignent qu'il peut exister une divergence entre l'épargne et l'investissement. Les dépenses d'investissement sont effectuées par les entreprises commerciales, et la décision est déterminée par le taux marginal de profit ; l'épargne et l'investissement sont effectués par différents groupes de la société ; le taux d'intérêt du marché est un phénomène monétaire influencé par les actions du complexe financier.

1.6 Rapide synthèse de la pensée avant Keynes

Après ce bref aperçu de la théorie du cycle conjoncturel avant Keynes, il est temps à présent de relier les différents éléments et de voir si nous pouvons donner une image complète du cycle conjoncturel.

Il peut être utile, pour résumer, de distinguer les facteurs exogènes et endogènes. C'est une distinction qui a été effectuée par un certain nombre d'auteurs.

Les forces ou facteurs exogènes sont des évolutions extérieures au système économique. Une théorie purement exogène du cycle économique considérerait les fluctuations économiques comme une succession aléatoire et arbitraire de changements. Les facteurs endogènes, en revanche, font référence aux réponses du système économique à des stimuli extérieurs. Une théorie totalement endogène du cycle économique s'appuierait exclusivement sur les réponses au sein du système économique, sur la base de relations décalées pour expliquer à la fois la nature cumulative de l'expansion et de la contraction et les points d'accord supérieurs et inférieurs.

Il n'est pas réaliste d'adopter l'une ou l'autre des positions extrêmes, à savoir que les fluctuations cycliques représentent des perturbations purement aléatoires ou extérieures ou, au contraire, que l'oscillation de l'activité économique globale est auto-entretenue, en raison de la structure particulière du système économique.

Il est tout aussi inadéquat de considérer le cycle économique comme étant de nature purement endogène. Cela a pour effet d'isoler les conditions commerciales de leur contexte historique, de l'influence que peut exercer l'évolution des relations politiques et sociales, du conflit des intérêts de groupe et de l'impact des changements dans nos façons de penser.

Enfin, nos développements précédents montrent que la théorie du cycle économique avant Keynes est un mélange de changements initiés à l'extérieur et à l'intérieur du système économique.

Chapitre 2

Cycles économiques : les analyses statistiques et les leçons de l'histoire après Keynes

Claude DIEBOLT

2.1 Les analyses statistiques

C'est Clément Juglar (1819-1905) qui, le premier, dans la première édition de son livre *Des crises commerciales...* parue en 1862 et la seconde en 1889, étudie le déroulement des crises en France, en Angleterre et aux États-Unis [1]. En 1954, Schumpeter voit en lui « *un des plus grands économistes de tous les temps* » (Schumpeter, 1954). Sa méthode est comparative et se fonde sur l'étude empirique de séries longues. En un mot, la démarche se veut scientifique : dans les propres termes de Juglar (1862, p. XII), « *en nous appuyant non seulement sur des relevés statistiques, mais sur des grands nombres, sur des longues périodes, et dans trois grands pays, nous pensons avoir rempli beaucoup mieux que par des assertions toujours discutables les principales conditions d'une démonstration scientifique* ».

Pour Juglar, il n'y a guère de doutes sur la cause fondamentale des crises et donc des cycles : une fois les causes accidentelles ou certains événements particuliers écartés, la cause des crises réside dans les modifications des conditions du crédit, spécialement le développement des escomptes, et avance ainsi l'hypothèse du rôle central de l'évolution de la circulation métallique.

Signalons que, dans la seconde édition de 1889, la démarche de Juglar reste identique, tout en précisant que les matériaux statistiques traités sont plus nombreux et la période étudiée plus longue. De surcroît, il se démarquait nettement de Jevons en refusant toute périodicité stricte du cycle, se contentant de constater que les crises reviennent « *dans une période de 5 à 10 ans* ».

1. Les développements qui suivent reprennent, pour partie, la chronologie de Aimar *et al.* (2016).

C'est également dans cette seconde édition que Juglar propose une analyse des phases du cycle, qui est encore utilisée aujourd'hui : la prospérité d'une durée de 5 à 7 ans ; la crise (quelques mois à quelques années) ; la dépression (quelques années).

Si l'on peut donc faire remonter à Juglar (et à une moindre mesure à Jevons) l'utilisation de séries longues pour caractériser le cycle économique, le mérite d'une première analyse véritablement statistique de ces séries revient à Moore et à Persons. En 1914, Moore se servit du périodogramme pour détecter deux cycles d'une durée respective de 8 ans et 33 ans dans la pluviosité de l'Ohio Valley. Quant à Persons, il est apparemment le premier économiste à avoir proposé, dès 1919, de décomposer les séries temporelles en quatre composantes : la tendance ou *trend*, le cycle, la saisonnalité et un aléa purement accidentel. Nous reviendrons plus tard sur l'autre grande contribution de Persons à l'analyse des fluctuations : la construction du « baromètre de Harvard ».

Cependant, dès 1913, Wesley Clair Mitchell publiait le premier ouvrage – *Business Cycles and their Causes* – entièrement consacré à l'étude des oscillations économiques. Il y développait une nouvelle méthode d'approche que l'on peut résumer dans ses propres termes par : « *Observer, analyser et systématiser les phénomènes de prospérité, crise et dépression* ». Dans cette perspective, nul besoin de chercher à départager les différentes théories du cycle ; ces dernières ne doivent servir qu'à sélectionner les faits pertinents.

En 1920, Mitchell devient le directeur du NBER, organisme qui lance en 1921 un programme d'étude statistique des fluctuations économiques. De ce programme est issu un nouvel ouvrage de Mitchell, *Business Cycles: The Problem and its Setting*, publié en 1927. L'auteur y critique l'utilisation des techniques statistiques – périodogramme ou extraction de la composante cyclique – mises en œuvre par Moore et Persons, techniques auxquelles il reproche de ne pas mesurer directement le cycle économique. Surtout, *Business Cycles* présentait une synthèse des recherches sur le cycle entreprises durant les années vingt et se terminait par la définition d'un plan de mesure des fluctuations économiques. De la sorte, comme l'écrit Morgan (1990, p. 50), le livre « *établit la réputation de Mitchell comme la figure prééminente de la recherche statistique sur le cycle pour toute la période de l'entre-deux-guerres* ».

Un autre ouvrage devait sortir du programme de recherche de Mitchell : *Measuring Business Cycles*, écrit cette fois en collaboration avec A.F. Burns et publié en 1946. Outre une définition du cycle, les deux auteurs proposent un ensemble de mesures des fluctuations, plus exactement de ce qu'ils appellent le cycle de référence d'un côté et les cycles spécifiques de l'autre. Ces derniers sont propres à des variables particulières et sont obtenus par datation des points de retournement de la variable envisagée. Le cycle de référence, lui, est le cycle économique agrégé, global, déterminé sur base d'un ensemble de variables jugées pertinentes.

Cela dit, dans les années 1920, Mitchell n'était pas le seul économiste à se préoccuper de l'analyse statistique des oscillations. Persons, dont on a déjà dit quelques mots plus haut, avait été chargé en 1917 par le *Harvard Committee for Economic Research* d'entreprendre une étude des « méthodes de collecte et d'interprétation des statistiques économiques ». Deux ans plus tard, dans la *Review of Economic Statistics*, qui fut fondée en 1919 par le *Harvard Comittee* et qui deviendra en 1949 la *Review of Economics and Statistics*, il publiait le résultat de ses travaux sous la forme d'un baromètre conjoncturel (*business barometer*). Ce baromètre reposait sur trois indicateurs du cycle, représentatifs du mouvement de l'économie, qui couvraient respectivement les marchés boursiers, l'industrie et les conditions monétaires. Les indicateurs en question aboutissaient aux fameuses courbes dites A-B-C de Harvard qui étaient censées représenter la dynamique des fluctuations économiques.

Les années vingt vont connaître une véritable floraison d'institutions dédiées à la recherche sur le cycle et la conjoncture. En 1920, l'Institut de Moscou, dirigé par Kondratieff, voit le jour ; celui de Stockholm en 1922, Paris et Londres en 1923, Berlin en 1925, etc. En janvier 1927, est fondé à Vienne l'Institut Autrichien de Recherches sur le Cycle des Affaires (*das Österreichische Konjunkturinstitut*), sous l'impulsion de Ludwig von Mises. Grâce à son appui, Hayek en assure la direction jusqu'à son départ de Vienne pour Londres en 1931 à l'occasion de son recrutement à la *London School of Economics*. Morgenstern lui succédera alors jusqu'en 1938, date de son émigration aux États-Unis suite à l'Anschluss.

L'influence intellectuelle à la fois de Mitchell et de Persons sur la plupart de ces nouvelles institutions est patente. Cela dit, leur fortune s'est révélée très diverse : l'institut de Moscou a été fermé en 1928 et Kondratieff exilé en Sibérie ; les instituts européens et celui d'Harvard perdirent toute crédibilité, aussi faute d'avoir pu prévoir la crise de 1929.

2.2 Le moment Tinbergen

Le déclin des instituts de conjoncture va ouvrir la voie aux tentatives de modélisation du cycle. Un nom s'impose à cet égard, celui de Jan Tinbergen (1903-1994), premier prix Nobel d'économie en 1969, avec Ragnar Frisch (1895-1973). Cependant, la recherche de l'économiste hollandais, pour considérable qu'elle soit, n'est pas sortie du néant ; elle a été directement préparée par le travail de trois auteurs : Yule, Slutsky et Frisch.

George Udny Yule (1871-1951), en 1926, avait montré qu'il fallait être très prudent lorsqu'on calculait des corrélations (au sens statistique) entre des séries chronologiques : celles-ci risquaient en effet d'être absurdes (*nonsense correlations*). Bien entendu, une telle critique aboutissait implicitement à relativiser les travaux des analystes du cycle qui se fondaient sur le calcul de hauts coefficients de corrélation pour établir l'existence de relations entre variables. L'année suivante, Yule publiait un autre article dans lequel il comparait le cycle à un « *pendule bombardé par des petits pois* », les oscillations étant entretenues par les chocs aléatoires – les petits pois.

L'économiste russe Eugen Slutsky (1880-1948), dans un article écrit en 1927, mais publié en langue anglaise seulement en 1937, mettait encore davantage l'accent sur l'importance des chocs aléatoires, puisque ceux-ci, en se cumulant, pouvaient produire des séries qui s'apparentaient à une combinaison d'oscillations sinusoïdales. Kuznets (1929, p. 274), qui avait pu lire l'article de Slutsky dans sa version originale, en tira la conclusion que « *si les cycles surgissent d'événements aléatoires, (...), alors nous n'avons évidemment plus besoin d'une cause indépendante, régulièrement récurrente* ».

Ragnar Frisch, premier prix Nobel d'économie en même temps que Tinbergen, est le troisième auteur qui a eu une influence importante sur l'économiste hollandais. En 1933, son papier écrit pour le volume d'hommage à Cassel développait un petit modèle macroéconomique et dynamique du cycle : mathématiquement, un système mixte d'équations de récurrence et d'équations différentielles. La tentative était dans l'air du temps, car la crise de 1929 avait polarisé l'attention des économistes.

Sans entrer dans les détails, il suffira de dire que le modèle de Frisch combine relations dynamiques déterministes et chocs aléatoires. On pourrait presque le qualifier de modèle économétrique, à ceci près que ses paramètres structurels n'étaient pas estimés, mais « calibrés ». Toujours est-il qu'ainsi calibré, le système de Frisch livrait des solutions pour les trois principales variables, solutions constituées d'un *trend* et de trois cycles, dont un, primaire, d'une durée de 8,57 années. Ce qui cadrait en définitive assez bien avec la réalité.

Dans la foulée des trois auteurs précédents, Jan Tinbergen construisit et estima le premier modèle économétrique du cycle. Il le fit à la demande de la *Vereniging voor de Staathuishoudkunde en de Statistiek*, l'association des économistes hollandais, qui tint en octobre 1936 un congrès sur le thème « sortir de la dépression ». Devant un public guère au fait des méthodes quantitatives, Tinbergen élimina de son intervention les aspects les plus techniques. Cependant, un an plus tard, il publiait chez Hermann, à Paris, un exposé complet du « modèle économétrique hollandais » et déterminait les effets quantitatifs d'une large gamme de mesures de politique économique. À vrai dire, c'était pour l'époque une performance à la fois intellectuelle et numérique : le modèle comportait en effet 31 variables et 22 équations ; parmi ces dernières, seize étaient des relations comportementales ou techniques que Tinbergen estima pour la période s'étalant de 1923 à 1935 (Tinbergen, 1937, p. 14-15).

L'économiste hollandais s'était très tôt intéressé au problème des fluctuations économiques ; en témoigne notamment sa contribution parue dans *Econometrica* en 1935. Aussi n'est-il pas étonnant que, dès 1936, le futur prix Nobel ait été chargé par la Société des Nations de tester empiriquement les théories du cycle telles qu'elles allaient être exposées par Gottfried Haberler (1900-1995) dans son ouvrage *Prospérité et dépression. Étude théorique des cycles économiques* paru en 1943. Tinbergen travailla deux bonnes années sur la question et publia en 1939 le résultat de ses recherches sous la forme de deux volumes intitulés *Statistical Testing of Business-Cycle Theories.* Le premier d'entre eux comportait une partie méthodologique constituée des chapitres 1 et 5, ainsi que trois études de cas (les fluctuations de l'investissement, la construction résidentielle et l'investissement net dans les chemins de fer) ; le second proposait un modèle économétrique de l'économie américaine destiné à évaluer les différentes analyses du cycle.

Ce macro-modèle dynamique, encore davantage que le modèle hollandais de 1936, constituait un véritable exploit. Il comptait en effet 71 variables, 48 équations et couvrait la période de 1919 à 1932. De plus, il présentait également un plus grand intérêt empirique dans la mesure où Tinbergen se montrait capable de traduire en équations un ensemble de théories exprimées en termes purement verbaux et de les tester ensuite selon une procédure en trois étapes. Bien entendu, l'estimation de ces différents modèles était tributaire des données utilisées (qui n'étaient pas très bonnes), de même que du caractère très particulier de la période étudiée (la « *Great Depression* »). Mais de cela, Tinbergen ne pouvait être tenu pour responsable.

Plus intéressant d'un point de vue actuel est le premier tome considéré dans sa dimension méthodologique. La méthode utilisée est qualifiée d'« analyse de corrélation » par Tinbergen. En réalité, il s'agit simplement d'estimer les coefficients d'une régression linéaire multiple (éventuellement avec des variables retardées) par minimisation des carrés des résidus d'estimation, c'est-à-dire par application de la méthode des moindres carrés. À cette équation estimée est alors associé un coefficient de corrélation – le fameux R^2 des économètres modernes –, dont la valeur varie entre 0 et 1. Plus cette dernière est proche de l'unité, meilleur est l'ajustement statistique. Une fois ce travail réalisé, il faut alors envisager la signification statistique des coefficients, en un mot les tester. De ce point de vue, Tinbergen ne se réfère pas à l'approche de Neyman-Pearson, mais à ce qu'il appelle « *la méthode classique* », dont « *la forme finale a été donnée par R.A. Fisher* ». En pratique, la méthode revient à appliquer un t-test à chaque coefficient divisé par son erreur-type. Tinbergen se sert également d'une autre méthode de test, due à Frisch en 1934 – celle des « faisceaux » (*bunch maps*) – qui n'est plus utilisée depuis très longtemps et dont on ne dira en conséquence rien.

L'œuvre de Tinbergen fut diversement appréciée. Si Roy George Douglas Allen (1906-1983) par exemple s'en montre un fervent partisan, Milton Friedman est beaucoup plus critique, quoique la recension de *Statistical Testing of Business Cycle Theories* par ce dernier ne porte que sur le volume II. Toutefois, sans contestation possible, le compte rendu le plus sévère est dû à Keynes (1939). En plus de divergences sur la portée épistémologique du travail de Tinbergen, l'auteur de la *General Theory* énonçait six critiques à l'égard de la méthodologie économétrique adoptée : la nécessité de déterminer toutes les « causes », i.e. les variables explicatives intervenant dans une régression multiple ; l'incapacité de prendre en compte des variables non mesurables, qualitatives ; la possibilité de liaisons entre les variables explicatives – on dirait aujourd'hui la multicolinéarité ; la non-vérification de l'hypothèse de linéarité des relations estimées ; la difficulté de déterminer correctement le nombre de retards dans les équations estimées ; la dépendance des estimations par rapport à la période échantillonnée.

Tinbergen répondit à l'économiste de Cambridge en 1940. Cependant, la véritable réponse vint plus tard avec le développement de la théorie et de la pratique économétriques, qui a permis d'apporter des solutions aux problèmes – réels – soulevés par Keynes. Par exemple, il est courant de nos jours d'estimer des équations non linéaires ou des modèles à variables qualitatives.

2.3 Keynes, Hayek, etc.

La Grande Crise des années trente, sans réel précédent historique, en tout cas très différente par sa forme et son ampleur des crises classiques du XIXe siècle, allait susciter une abondante littérature théorique. De cette floraison – bien analysée par Haberler en 1943 encore que ce dernier ne dispose pas du recul suffisant pour opérer un tri significatif au sein de cette littérature –, deux noms émergent incontestablement : Hayek (1899-1992), représentant le plus connu de l'école autrichienne d'économie, et Keynes (1883-1946).

L'analyse autrichienne du cycle s'inscrit dans un contexte général : celui de l'intérêt de la pensée économique durant l'entre-deux-guerres pour l'étude des phases de la conjoncture, intérêt bien évidemment accentué par le déclenchement de la crise de 1929. Considérée sous un autre angle, elle se relie à un sujet de préoccupation caractéristique de la tradition autrichienne, à savoir *le mode d'intégration de la monnaie aux phénomènes réels*. Bien que leurs travaux ne puissent pas être considérés comme exhaustifs d'une théorie autrichienne du cycle, Mises (1881-1973) et Hayek en sont néanmoins les deux principaux représentants.

Mises a été l'initiateur, par l'intermédiaire de *The Theory of Money and Credit* publié en 1912, d'une première représentation théorique des canaux d'influence de la monnaie sur l'économie réelle. Celle-ci consiste dans une explication des perturbations économiques par les effets de la création monétaire sur la structure des prix relatifs. Mises a continué à développer cette analyse durant l'entre-deux-guerres (cf. les textes réunis dans *On the Manipulation of Money and Credit* (1934/1978) et la partie de *Money, Method and the Market Process* (1990) consacrée aux questions monétaires), puis à travers les éditions successives de *L'action humaine* en 1949, 1963 et 1966.

C'est à l'analyse du cycle que Hayek a consacré ses premières recherches économiques à la fin des années 1920. À la suite d'un voyage d'étude aux États-Unis (1923-1924), il rédige divers articles consacrés aux problèmes des fluctuations en économie de marché. Les plus importants de ces textes ont été traduits en anglais, pour être réunis, en compagnie d'articles ultérieurs au sein d'un recueil intitulé *Money, Capital and Fluctuations, Early Essays* (1984). Dans la même veine, Hayek rédige son premier ouvrage : *Monetary Theory and Trade Cycle* (1928). Mais ses thèses ont surtout été développées à l'occasion de quatre conférences prononcées à la *London School of Economics*, où Hayek a été invité par Lionel Robbins. Ces conférences ont été immédiatement réunies dans un ouvrage publié sous le titre de *Prix et production* en 1931. On peut sans doute considérer ce travail comme l'expression théorique la plus centrale de Hayek sur le sujet. En tant que tel, il a déclenché dès sa présentation de nombreuses et quelquefois violentes polémiques, à l'occasion desquelles se sont illustrées, parmi d'autres, des figures aussi importantes que celles de Keynes, Sraffa (1898-1983) ou encore Hicks (1904-1989). Jusqu'à nos jours, l'ouvrage est ainsi resté la référence première de la littérature consacrée à l'analyse autrichienne du cycle.

Prix et production met en avant la question de la réussite des anticipations (ou en d'autres termes, de la coordination des plans). À cet égard, l'étude privilégie l'analyse des modes d'interaction entre, d'un côté, les entrepreneurs-producteurs et, de l'autre côté, les consommateurs-épargnants. Hayek analyse les procédures d'ajustement des plans des entrepreneurs-producteurs à ceux des salariés en matière de choix intertemporels de consommation. La coordination requiert une comptabilité mutuelle des plans des consommateurs et des stratégies des producteurs, de telle sorte que la part épargnée du revenu des consommateurs soit égale au volume d'investissement généré par les entreprises. La crise se définit inversement comme une non-concordance généralisée entre, d'une part, les choix des entrepreneurs en matière de répartition de la production entre biens de consommation et biens d'investissement, et, d'autre part, les vœux des salariés en matière de répartition de leur revenu entre la consommation présente et l'épargne.

La théorie met en scène une trilogie entre taux d'intérêt, prix relatifs, et capital perçu comme ensemble structurel et hétérogène. La monnaie y joue un rôle central et continu. La distribution du crédit initie le cycle, avec la phase d'expansion, et l'achève, en produisant la dépression. La création de liquidités dissocie le technique du subjectif : elle rend incohérente l'organisation de la structure de production vis-à-vis des préférences intertemporelles des agents en matière d'orientation des ressources. L'ajustement brutal par les quantités s'opère lorsque la diffusion du crédit sous forme de revenus supplémentaires dissipe l'illusion monétaire et donne aux consommateurs la capacité d'imposer à nouveau leur point de vue en matière de choix productifs. Le passage inévitable du *boom* au *bust* s'appuie néanmoins sur une conception particulière du rapport entre le réel et le monétaire ; par ailleurs, il exige le respect d'une chronologie rigoureuse.

Hayek ne s'attache pas à déterminer une relation entre le niveau général des prix et un niveau agrégé de production. Il examine les conséquences de l'expansion monétaire sur la distribution des ressources entre les secteurs de biens d'investissement et de biens de consommation. La monnaie pénètre dans le système réel par des points particuliers, de manière séquentielle, et agit sur la structure de production à travers le taux d'intérêt. Cette relation entre le capital et l'intérêt est d'ailleurs une des spécificités de l'approche autrichienne. La baisse du taux d'intérêt monétaire en dessous du taux naturel (ou d'équilibre, reflétant les préférences intertemporelles des salariés-consommateurs) initie le cycle. Du fait de la forte sensibilité au taux d'intérêt des secteurs les plus en amont de la structure de production, relativement plus capitalisés, l'investissement y est artificiellement stimulé (*mal-investment*).

La théorie autrichienne du cycle relate une histoire de distorsions enchaînées : distorsion entre le taux d'équilibre et le taux monétaire, distorsion de l'investissement au sein de la structure de production, distorsion des prix relatifs entre biens d'investissement et biens de consommation, distorsion entre l'offre monétaire de crédit et l'offre réelle de crédit. Mais dans le développement du cycle autrichien, la chronologie trouve une importance majeure. La dialectique de la monnaie et du capital, gouvernée par le jeu des prix relatifs, s'organise autour d'une flèche particulière du temps, caractérisée par les notions de séquence, de décalage et surtout de rigidité. L'expansion du crédit produit un *bug* temporel, non seulement en délivrant de fausses informations (illusion monétaire), mais en nourrissant des formes particulières de rigidité : rigidité de l'intérêt, puisque dans la phase de *boom*, la poursuite de l'expansion monétaire empêche le taux monétaire de rejoindre le taux d'équilibre ; rigidité des prix, car si des erreurs sont commises et mettent du temps à être corrigées, cela est dû au fait que les prix ne s'ajustent pas immédiatement aux données subjectives et ne remplissent donc pas leur fonction informative et prédictive ; rigidité des préférences intertemporelles des agents, considérées comme données et constantes entre le début et la fin du cycle. Si, dans le temps de l'analyse, les agents devaient changer leurs choix de consommation intertemporelle, la deuxième phase du cycle, la crise, ne se déclencherait pas.

La *Théorie générale* de Keynes (1936) n'est évidemment pas consacrée à l'examen ou à l'explication du cycle. Elle comporte cependant un chapitre – le chapitre 22 – qui permet de se faire une idée précise de la problématique développée par son auteur. L'analyse mobilise l'ensemble de l'appareil conceptuel keynésien : propension à consommer, multiplicateur, principe de la demande effective, préférence pour la liquidité et, surtout, efficacité marginale du capital. C'est en effet cette dernière qui est, pour Keynes (1936, p. 313 - p. 311) [2], le facteur explicatif principal des fluctuations cycliques. Rappelons à cet égard que, pour un type de bien de capital donné, l'efficacité marginale est définie « *comme le taux d'escompte qui rend la valeur présente de la série des annuités procurées par les rendements anticipés de ce bien de capital durant sa durée de vie tout juste égale à son prix d'offre* » (Keynes, 1936, p. 135 - p. 149). Le prix d'offre d'un bien de capital est ce que l'on pourrait encore appeler son « coût de remplacement », c'est-à-dire le prix juste suffisant pour inciter un fabricant à produire une unité additionnelle de ce bien. Ce prix est donc déterminé dans la *période courante*. Il n'en va pas de même des rendements anticipés dont le calcul suppose, par définition, la considération du *futur* proche et éloigné. L'investissement nouveau résulte d'une comparaison entre l'efficacité marginale globale et le taux d'intérêt en vigueur ; il ne sera réalisé que si la première est supérieure au second.

Une précision encore quant au « sujet » qui calcule les rendements escomptés des différents types de capital. Ce sujet n'en est pas un puisque, pour l'auteur de la *General Theory*, ce sont les bourses de valeurs mobilières qui évaluent (et réévaluent) quotidiennement la valeur de la

2. Le premier nombre fait référence à la pagination de l'édition anglaise, le second à celle de la traduction française.

plupart des investissements réalisés. Dans les termes de Keynes (1936, p. 151 - p. 164), « *certaines classes d'investissements sont gouvernées par l'espérance moyenne, révélée dans le cours des actions et formée par ceux qui opèrent en bourse (Stock Exchange), bien plus que par les anticipations authentiques d'entrepreneurs professionnels* ». Ajoutons que l'espérance moyenne en question repose sur une *pure convention*, dont l'essence est de supposer que l'état des affaires actuel se poursuivra indéfiniment, sauf s'il existe des raisons fondées d'anticiper sa modification. Une telle base conventionnelle d'évaluation est, selon la formule de Keynes, « *la résultante de la psychologie de masse d'un grand nombre d'individus ignorants* ». Mais alors la tâche essentielle des professionnels et spéculateurs qui interviennent aussi sur les marchés financiers est de prévoir juste avant le grand public les modifications de la base conventionnelle d'évaluation. Il s'ensuit que ces marchés fonctionnent de manière heurtée et qu'ils font montre d'une grande volatilité, soumis comme ils le sont à des vagues d'optimisme et de pessimisme déraisonnables.

Ces rappels effectués, voyons à présent comment Keynes explique le mouvement cyclique de l'économie. Pour ce faire, plaçons-nous dans les derniers stades du *boom* conjoncturel. Comme on le sait, le taux d'intérêt est alors orienté à la hausse, sous l'effet d'une demande de monnaie accrue, destinée à satisfaire tant les besoins commerciaux que spéculatifs. Mais là n'est pas le plus important : en effet, ce qui caractérise surtout la fin du *boom*, c'est le fait que les anticipations des opérateurs et leurs estimations des rendements boursiers sont tellement optimistes qu'elles font oublier la hausse des coûts de production et celle du taux d'intérêt typique de cette phase du cycle. La crise coïncide alors avec un effondrement subit de l'efficacité marginale du capital. Que ce retournement doive être de grande ampleur et brutal s'explique aisément, puisque les marchés financiers, comme le dit Keynes (1936, p. 316 - p. 313), subissent la double influence « *d'acheteurs largement ignorants de ce qu'ils achètent et de spéculateurs davantage préoccupés par l'anticipation du changement prochain de l'opinion du marché que par l'estimation sensée des rendements futurs des actifs* ». L'incertitude quant à l'avenir et la chute de l'efficacité marginale du capital provoquent une augmentation de la préférence pour la liquidité et donc une nouvelle hausse du taux d'intérêt, qui elle-même va détériorer encore un peu plus l'état de la confiance. Sans doute la baisse du loyer de l'argent constituera-t-elle, plus tard cependant dans la récession, une condition de la reprise économique, mais une fois la crise déclenchée, la chute de l'efficacité marginale se poursuit et s'entretient.

Il faudra donc que s'écoule un certain temps (trois à cinq ans, dit Keynes) avant que la confiance se rétablisse et que l'efficacité marginale se redresse, période pendant laquelle la baisse des taux d'intérêt peut même, dans les cas les plus extrêmes, s'avérer inefficace pour ranimer l'efficacité marginale anémiée. La reprise demandera donc du temps, d'autant plus que l'effondrement de l'efficacité marginale affecte négativement la propension à consommer par le canal de la chute des cours de bourse et celle, concomitante, du revenu des opérateurs boursiers. La demande globale est tout entière orientée à la baisse...

En définitive, la sortie de la récession s'effectue réellement lorsque la courbe de l'efficacité marginale du capital se redresse, phénomène lié – c'est l'élément objectif, réel – au fait que le capital est redevenu suffisamment rare. Un nouveau cycle se met alors en place...

La conclusion de toute l'analyse, laissons-la à Keynes (1936, p. 320 - p. 317), « *dans les conditions du laissez-faire, la suppression des larges fluctuations de l'emploi peut, par conséquent, s'avérer impossible sans un changement dans la psychologie des marchés d'investissement tellement énorme qu'il n'y a aucune raison de s'y attendre. J'en conclus que la régularisation du volume de l'investissement courant ne peut être laissée sans danger entre des mains privées.* »

2.4 Les Trente Glorieuses

L'analyse du cycle par Keynes était en phase avec les politiques de grands travaux des années trente, le *New Deal*, etc., toutes tentatives pour sortir de la Grande Dépression en stimulant la demande effective globale. En revanche, la théorie hayekienne des fluctuations économiques l'était nettement moins. Un élément significatif de cette différence est l'appréciation de Lawrence R. Klein, dans *The Keynesian Revolution* paru en 1949, qui écrivait que « *la description du processus économique par Hayek ne s'ajuste pas bien avec les faits* ». Aussi n'est-il pas étonnant que les économistes qui réfléchissaient sur le cycle se soient tournés vers la théorie keynésienne et que, par comparaison, les analyses de Hayek aient subi une longue éclipse. De surcroît, l'appareil conceptuel forgé par l'économiste de Cambridge devait être, dès après la parution de la *General Theory*, repris et développé par plusieurs auteurs, souvent très jeunes, pour penser à nouveaux frais le cycle. Le premier d'entre eux est R.F. Harrod, qui publie en 1936 son *Trade Cycle*. Il sera suivi par Samuelson en 1939, Hansen en 1941 et enfin Hicks en 1950.

Harrod voit l'explication du cycle dans les interactions entre le Multiplicateur et la « *Relation* » – les majuscules sont de l'auteur lui-même. Par Relation, il n'entend rien d'autre que le principe d'accélération, c'est-à-dire l'influence des variations de la consommation (ou du revenu) sur l'investissement. Ce principe n'a en soi rien de bien neuf, puisque qu'on peut faire remonter ses origines à Aftalion (1874-1956) en 1913, voire à Marx. Il avait fait l'objet de nombreuses discussions dans l'après-première guerre mondiale : J.M. Clark, A. Spiethoff, S. Kuznets, A.C. Pigou, W.C. Mitchell, D.H. Robertson sont quelques-uns des noms qui viennent à l'esprit. Ce qui est nouveau chez l'auteur du *Trade Cycle*, c'est, d'une part, une conception véritablement dynamique des effets d'accélération et, d'autre part, l'étude des interconnexions entre multiplicateur et accélérateur : en 1936, Harrod affirme même que par cette étude, il « *a révélé le secret du cycle* ». Notons cependant que si Harrod a bel et bien dynamisé l'effet d'accélération, il continuait, comme Keynes, à concevoir le multiplicateur sur le mode d'une relation instantanée, donc statique, entre l'investissement et le revenu.

L'ouvrage d'Alvin Hansen, *Fiscal Policy and Business Cycles* publié en 1941, est important, non tant sur le plan théorique – il n'ajoute pas grand-chose à l'analyse réalisée par Harrod – que sur celui de la politique économique : c'est un véritable manifeste en faveur d'une politique de plein emploi de facture keynésienne. Aussi n'est-il pas étonnant que Hansen, en 1941, se fixe par exemple l'objectif « *de minimiser le mouvement cyclique par un système de taux de taxation adaptables* ». D'une manière générale, il privilégie la politique budgétaire comme moyen de compenser les effets sur l'emploi des variations de l'investissement privé, mais aussi comme moyen d'assurer la relance de l'économie : c'est le « *pump-priming* ».

Samuelson, quoiqu'il ne le reconnaisse pas, s'inscrit dans le droit-fil de l'analyse harrodienne[3]. Son apport propre est double : d'un côté, il inclut explicitement la dépense gouvernementale comme composante de la demande globale ; de l'autre, il développe un véritable modèle dynamique du cycle, qui tient en trois équations :

$$\begin{cases} Y_t = C_t + I_t + G_t \\ C_t = \alpha Y_{t-1} \\ I_t = \beta(C_t - C_{t-1}). \end{cases} \tag{2.1}$$

Les notations sont suffisamment explicites ; aussi se limitera-t-on à préciser que I_t représente le seul investissement privé, α la propension marginale à consommer et β le coefficient d'accélération.

Si l'on suppose que la dépense gouvernementale G_t est exogène au modèle, il vient l'équation de récurrence du second ordre :

$$Y_t = G_0 + \alpha(1+\beta)Y_{t-1} - \alpha\beta Y_{t-2}. \tag{2.2}$$

La solution de (2.2) – qui reste simple, parce que ses coefficients sont constants et qu'il n'y a que deux décalages pris en considération – va dépendre des racines de l'équation caractéristique $x^2 + \alpha(1+\beta)x + \alpha\beta = 0$, elles-mêmes fonctions des paramètres α et β. On peut alors montrer que l'ensemble des valeurs possibles de α et β se découpe en quatre régions, caractérisée chacune par une trajectoire temporelle différente du revenu national : il existe un mouvement cyclique (amorti, régulier ou explosif) lorsque les racines de l'équation caractéristique sont des complexes conjugués, c'est-à-dire lorsque $\alpha < (4\beta/(1+\beta)^2)$. En d'autres termes, le revenu national oscille temporellement si la propension marginale est faible et le coefficient d'accélération élevé ou *vice versa*.

Le modèle de Samuelson permet donc, sous les conditions rappelées, d'engendrer des fluctuations, mais qui diffèrent des cycles effectifs à trois points de vue au moins. Premièrement, les oscillations du modèle ne sont régulières que dans un cas extrêmement particulier, celui où la propension marginale à consommer est égale à l'inverse du coefficient d'accélération. Deuxièmement, ces oscillations sont, à la différence des cycles observés, parfaitement symétriques. Troisièmement, leur amplitude dépend des conditions initiales du modèle, alors que l'amplitude des cycles « réels » est variable et demande au minimum à être expliquée.

Hicks reprendra en 1950 la problématique de l'oscillateur en lui imprimant sa touche particulière, de sorte qu'on en viendra rapidement à parler du « modèle de Samuelson-Hicks ». Cela dit, tout en se plaçant dans le cas où le modèle connaît des oscillations explosives, Hicks a modifié sur trois points importants l'analyse de Samuelson en 1950 :

1. Il substitue au cadre d'une économie stationnaire celui d'une économie « progressive » et donc la croissance à taux constant à l'équilibre stationnaire.
2. Il introduit un *plafond* cyclique (*ceiling*) dans le sens où en chaque période, le revenu national ne peut dépasser un certain niveau déterminé par le plein emploi des facteurs de production.

3. Samuelson attribue tout le mérite de l'étude des interactions multiplicateur-accélérateur à Hansen, qui était par ailleurs son superviseur de thèse. Une lecture, même rapide, de l'article de Samuelson montre l'influence incontestable de Harrod, même s'il ne le cite à aucun moment : par exemple, il reprend à plusieurs reprises le terme, typiquement harrodien, de « relation » pour désigner le principe d'accélération.

3. Enfin, il introduit également un *plancher* cyclique (*floor*) qui limite donc les variations à la baisse du revenu. L'existence d'un tel plancher est plausible, parce que le désinvestissement consécutif à cette baisse est, à tout moment du temps, forcément limité par le rythme temporel de mise au rebut des équipements. En d'autres termes, l'accélérateur ne sort plus ces effets dès le moment où le plancher est atteint.

Au total, Hicks présente un tableau de la dynamique économique tel que les économies connaissent un mouvement de croissance cyclique, les fluctuations étant contraintes par le plafond du plein emploi et par le plancher de la mise hors service, très progressive, des biens de production. Comme tel, son modèle est bien mieux coordonné au réel que celui du multiplicateur-accélérateur simple.

Les approches de Samuelson et Hicks reposent formellement sur des systèmes d'équations linéaires. Il est toutefois possible, tout en conservant le même cadre conceptuel, d'introduire des non-linéarités dans l'analyse. Un des premiers à avoir exploré cette voie est Nicholas Kaldor (1908-1986). Concrètement, ce dernier suppose que les valeurs de la propension marginale à consommer et de l'accélérateur ne sont plus constantes, mais varient avec le niveau de la production. Il peut alors générer un cycle de manière endogène de sorte que l'amplitude des fluctuations ne dépende plus des conditions initiales ou de chocs aléatoires.

La méthode utilisée par Kaldor est essentiellement graphique. Il n'en va pas de même pour deux autres économistes « keynésiens » qui ont construit, chacun pour leur part, un véritable modèle mathématique : M. Kalecki (1899-1970) et R. Goodwin (1913-1996).

Le premier est l'auteur de plusieurs de plusieurs articles et livres – parus en 1935, 1943 et 1954 – qui développent un modèle dont le noyau est remarquablement constant même si ses interprétations ont pu varier. Aussi se contentera-t-on d'en donner une seule version, celle de 1935. À noter cependant que l'on modifiera les notations de Kalecki et que l'on ne reprendra pas son hypothèse que l'épargne des travailleurs est nulle et donc non plus la distinction entre capitalistes et travailleurs.

Kalecki raisonne dans le cadre d'une économie fermée, pour laquelle le revenu ou produit se décompose en consommation C, investissement (dépenses *nettes*) I et dépenses autonomes A.

Puisque A est constant et que $C = cY$, le revenu est déterminé, *via* le multiplicateur instantané, par :

$$Y(t) = (I(t) + A)/(1 - c). \tag{2.3}$$

Les commandes de biens d'équipement au temps t, notons-les B, se traduisent dans des livraisons correspondantes et finalement des dépenses (nettes) $I(t)$ moyennant un décalage temporel θ. En *moyenne*, on a :

$$I(t) = \frac{1}{\theta} \int_{t-\theta}^{t} B(t)\, dt. \tag{2.4}$$

Si le stock de capital est noté $K(t)$, alors sa dérivée par rapport au temps représente le taux de livraison des biens de capital nouveaux, si bien que

$$\frac{dK(t)}{dt} = B(t - \theta). \tag{2.5}$$

Enfin, $B(t)$ est supposé relié positivement à l'épargne et négativement au stock de capital existant [4] :

$$B(t) = a(1-c)Y(t) - kK(t), \quad a, k > 0. \tag{2.6}$$

Les équations (2.3), (2.4), (2.5) et (2.6) constituent un système de quatre équations à quatre inconnues : $Y(t)$, $I(t)$, $K(t)$ et $B(t)$. Après diverses substitutions, on aboutit à l'équation mixte différentielle et de récurrence

$$\frac{dK(t)}{dt} = \frac{a}{\theta}K(t) - \left(k + \frac{a}{\theta}\right) K(t-\theta). \tag{2.7}$$

Le traitement mathématique complet de l'équation (2.7) conduit à la conclusion suivante : le modèle admet comme solution unique [5] une fonction sinusoïdale de période plusieurs fois supérieure à la longueur du décalage θ ; les oscillations peuvent être d'amplitude constante ou amorties selon les valeurs des coefficients *a et k*.

En 1951, Goodwin a développé un modèle qui combine multiplicateur dynamique et accélérateur non linéaire et dynamique. Tout comme chez Kalecki, il existe un décalage de θ unités de temps entre le moment de la commande d'un bien de capital et la réalisation de l'investissement, c'est-à-dire $I(t) = B(t-\theta)$. L'accélérateur est alors défini comme une relation entre le total des commandes $B(t)$ et le taux de variation du produit global $dY(t)/dt$:

$$B(t) = \varphi\left(dY(t)/dt\right), \tag{2.8}$$

où $\varphi(.)$ est une fonction de forme non linéaire. L'accélérateur est cependant contraint par les limites supérieure et inférieure, notées L et M.

In fine, on aboutit à nouveau à une équation mixte de récurrence et différentielle. La solution du modèle correspondant est constituée par un cycle-limite, de forme non sinusoïdale, qui dépend des valeurs de L et M.

Les modèles que l'on vient de décrire forment certes un ensemble très diversifié. Ils ont toutefois une colonne vertébrale commune, constituée par le corpus keynésien, bien ou mal compris peu importe. À leur manière, ils témoignaient de ce que la théorie du cycle était désormais keynésienne.

Ce keynésianisme devait également finir par imprégner le champ entier de la macroéconométrie. On a déjà signalé plus haut que l'auteur de la *General Theory* s'était montré très critique à l'égard du travail de pionnier accompli par Tinbergen. Dans les années quarante cependant, Haavelmo (1911-1999) allait imprimer un cours nouveau à l'économétrie en y suscitant une « révolution probabiliste ». Révolution, le terme est utilisé par exemple par Morgan (1990), parce que son approche fournissait un cadre, une structure théorique (probabiliste et statistique), qui permettait de *tester* les théories économiques concurrentes. Il est intéressant de remarquer que, dans un article publié en 1943, Haavelmo a défendu Tinbergen contre Keynes ! Le programme d'Haavelmo devait d'ailleurs être concrétisé dans les travaux de la *Cowles Commission*, en particulier les monographies de Koopmans, puis Hood et Koopmans parues respectivement en 1950 et 1953.

4. On pourrait insérer une variable supplémentaire dans la fonction (2.6) qui représenterait un trend, éventuellement variable sur le long terme.

5. Il existe également des fluctuations courtes, de période inférieure à θ.

Aussi, quand Lawrence R. Klein (1920-2013) prolonge le travail de Tinbergen pour les États-Unis, le fait-il dans des conditions très différentes, marquées à la fois par l'hégémonie de la macroéconomie keynésienne et la « révolution probabiliste ». Dans ses monographies *Economic Fluctuations in the United States* parues en 1950, Klein développe le premier modèle macroéconométrique keynésien ; modèle suivi par bien d'autres, notamment celui de Klein-Goldberger en 1955 et puis ceux de très grande taille tels le *Brookings*, etc. Ce type de modèle ne parvenait cependant pas à engendrer, de manière endogène, un comportement oscillatoire de l'économie. Seule l'introduction de chocs aléatoires permettait de générer des cycles comparables par leurs propriétés à celles de l'économie américaine.

L'application des politiques keynésiennes de soutien de l'activité devait s'avérer très efficace, puisque la période des Trente Glorieuses n'a pas connu de récession générale un tant soit peu significative. Le plein emploi semblait être devenu un état permanent de l'économie. De plus, comme Hicks l'avait remarqué en 1981, les quelques récessions qui ont touché certains pays particuliers ont été la plupart du temps le résultat de « pressions politiques ». Ces constatations faites *post festum* avaient déjà été anticipées par Kalecki en 1943, qui parlait de « *cycle des affaires politique* » (*political business cycle*) se substituant au cycle traditionnel. Voici l'essentiel de son argumentation. Il est techniquement possible pour l'État d'amener l'économie au plein emploi et de l'y maintenir. Mais précisément, les capitaines d'industrie s'opposent à un tel maintien parce que « *leur instinct de classe leur dit que le plein emploi durable est malsain* ». Et Kalecki de dessiner le *cycle politique* typique : lors des récessions, sous la pression ouvrière, les gouvernements développent l'investissement public financé par l'emprunt pour éviter un chômage de masse. Il s'ensuit une reprise économique qui conduit au plein emploi. Si les pouvoirs publics utilisent les mêmes techniques « keynésiennes » pour maintenir un haut niveau d'emploi, alors la pression et l'opposition des milieux d'affaire deviennent telles qu'elles amènent ces gouvernements à retourner à l'orthodoxie budgétaire. Résultat : la récession est de retour, qui nécessitera une nouvelle intervention de l'État, etc.

2.5 La synthèse néoclassique

Du point de vue théorique, les Trente Glorieuses sont dominées par ce que l'on a appelé la « synthèse néoclassique », c'est-à-dire la combinaison de la macroéconomie keynésienne et de l'analyse microéconomique marginaliste. Joan Robinson avait sans doute raison de nommer ce courant « néo-néoclassique », puisque les marginalistes sont eux-mêmes des néoclassiques par rapport à l'école ricardienne et à ceux qui l'ont continuée. Mais il n'est évidemment pas possible de reprendre une formulation aussi alambiquée !

Deux économistes ont été les artisans de cette synthèse : d'un côté, Hicks avec « Mister Keynes and the Classics » paru en 1937 dans *Econometrica* et *Value and Capital* en 1939 ; de l'autre, Samuelson avec ses *Foundations of Economic Amalysis* (1948). À leurs noms, il faut ajouter, mais son rôle est moindre, celui de Don Patinkin (1922-1995). Notons également que Samuelson et Solow ont « bouclé » le modèle macroéconomique « keynésien » en 1960 en lui y ajoutant une courbe de Phillips.

Toutefois, la synthèse néoclassique sera durement mise en cause dès le tournant des années soixante-dix. Sont en cause pêle-mêle la montée de l'inflation, le retour des récessions et des accidents financiers, la « stagflation », hybride de l'accroissement simultané du taux de chômage et du taux d'inflation, la dislocation du système de Bretton Woods, etc. Tous ces facteurs vont susciter une vague de rejet de la macroéconomie keynésienne et la floraison d'explications nouvelles du cycle.

L'École monétariste va ainsi s'opposer à l'interventionnisme keynésien. La monnaie prend dorénavant une place prépondérante dans l'analyse des fluctuations économiques. En 1968, Friedman met en avant un principe explicatif du cycle qui est identique à celui de tout actif sous l'hypothèse de revenu permanent ; la particularité de la monnaie étant de présenter une offre exogène. En cas de hausse de la quantité de monnaie, les agents cherchant à maximiser leur utilité vont ajuster leur portefeuille entre différents actifs suivant en cela les principes de la théorie du revenu permanent. La création monétaire ayant déséquilibré les patrimoines des agents, c'est par la volonté de ces derniers de retrouver une structure patrimoniale optimale, que la monnaie produit des effets réels sur l'économie. L'analyse du cycle repose donc entièrement sur la déconnexion entre les revenus permanents et ceux observés. Ce courant monétariste remet en cause l'arbitrage à long terme entre l'inflation et le chômage, sauf à augmenter de façon continue le taux de croissance de l'inflation. Ce n'est qu'à court terme que les agents sont sensibles à l'illusion monétaire. Sur le long terme, une relance monétaire ne conduit finalement qu'au déplacement de la courbe de Phillips. Cette dernière est verticale et définit le taux de chômage naturel. Ce faisant, il devient impossible avec une telle courbe d'arbitrer entre le chômage et l'inflation.

Cette idée de Friedman sera reprise et approfondie par l'École des anticipations rationnelles (*equilibrium business cycles*). Lucas (1937-2023), Sargent (1939-) et Wallace (1943-) vont ainsi délivrer des fondements théoriques aux critiques à l'encontre de la courbe de Phillips. C'est à l'évidence Lucas qui, en 1976, va porter l'attaque la plus virulente contre l'ensemble des modèles macroéconomiques en vigueur. Lucas dénonce l'absence de fondements microéconomiques dans les modèles d'inspiration keynésienne. Les variables économiques sont les résultantes de choix individuels conditionnés par les anticipations sur l'état futur de l'économie. Ce faisant, il est essentiel de prendre en compte la façon dont les individus forment ces anticipations, sinon toute élaboration de politique économique devient impossible.

Dès 1973, Lucas formule un modèle à information imparfaite et anticipations rationnelles. Le paradigme walrasien est abandonné, les agents ont désormais une vision imparfaite des prix. Le point de départ de l'analyse réside dans une économie de grande taille et des marchés décentralisés. Ce faisant, les agents participent à un micromarché et n'ont qu'une information très imparfaite des autres marchés et du système de prix. Leur perception des chocs aléatoires peut ainsi les conduire à des interprétations erronées quant aux signaux de prix et les amener à entreprendre des actions qui vont perturber l'ensemble du système économique.

La courbe d'offre de Lucas définit le produit comme une fonction décroissante de la surprise sur les prix, c'est-à-dire de la hausse non attendue du revenu général des prix ; il s'agit aussi d'une critique de Lucas contre la courbe de Phillips. Il en découle qu'une inflation non anticipée peut amener l'individu à croire que le prix relatif du bien qu'il fabrique s'est élevé et à vouloir en offrir une quantité plus importante. Il aboutit ainsi à la formation d'un cycle d'origine monétaire autour d'un sentier de croissance de long terme caractérisant une économie en équilibre. C'est l'offre de monnaie qui fait subir au système des chocs qui vont engendrer des fluctuations cycliques. Il s'agit de cycles à l'équilibre, dans le sens où la propagation du cycle ne peut provenir que du comportement d'optimisation des agents confrontés au choc. Il ne suffit plus d'introduire des chocs sur le système keynésien pour décrire des fluctuations, mais de déduire les mouvements de l'économique de la réponse des agents à ces impulsions extérieures. En somme, l'analyse de Lucas montre comment un modèle d'équilibre avec marchés décentralisés et information imparfaite peut rendre compte des effets des chocs nominaux et des chocs réels sur le produit. Quant aux chocs de demande, ils ont un impact sur le produit s'ils ne sont pas anticipés.

Malgré son accueil favorable, la théorie de Lucas s'est avérée incapable d'expliquer la persistance des écarts conjoncturels (pensons simplement à la critique de Modigliani). Lucas introduira plus tard l'existence de coûts de formation du capital pour rendre compte de ce phénomène de persistance. Mais, insuffisamment crédibles aux tenants de la théorie des cycles à l'équilibre, ces derniers feront alors appel à d'autres types de chocs pour reproduire la persistance dans les fluctuations observées : les chocs technologiques.

Les adeptes de ce nouveau courant de pensée, dit des cycles réels (*Real Business Cycle*, RBC), définissent ce type de cycle comme le résultat d'une adaptation optimale de l'économie à l'équilibre. Ils renouent ainsi avec une explication néo-classique des fluctuations économiques. Suivant la voie ouverte par Lucas, ils visent à intégrer la notion de cycle dans le paradigme walrasien de formulation des phénomènes économiques en termes d'équilibre. Ils prennent toutefois les analyses monétaristes de Friedman et Lucas à revers, en cherchant à démontrer que l'essentiel des fluctuations peut être expliqué sans introduire de perturbation monétaire. Celles-ci résulteraient des réponses optimales des agents économiques à des chocs de productivité globale des facteurs. Ces chocs étant exogènes et aléatoires, l'évolution du cycle sera de nature stochastique (quasi-cyclique). Le cycle économique est ici un mouvement oscillatoire du produit naturel lui-même et non l'écart au *trend*, car les facteurs qui l'engendrent sont également à l'origine de la croissance. Dès lors, la dichotomie habituelle entre les sources de la croissance et celles des fluctuations n'a plus lieu d'être puisque ces dernières correspondent aux variations mêmes du taux naturel de croissance, aux variations de la productivité.

2.6 La pluralité des théories

La remise en cause de la synthèse néoclassique va également conduire à une véritable floraison de courants non orthodoxes. Du point de vue des théories du cycle, deux d'entre eux méritent une étude plus approfondie : les postkeynésiens, avec Hyman P. Minsky (1919-1996), et les néo-autrichiens, qui prolongent les analyses de Hayek et de von Mises.

Minsky est aujourd'hui connu pour son « hypothèse d'instabilité financière » du capitalisme ; on parle également beaucoup, dans la presse, du « moment Minsky ». Son premier livre *John Maynard Keynes* paru en 1975 remettait en cause l'interprétation de la *General Theory* donnée par les néoclassiques, interprétation que Joan Robinson (1903-1983) nommait pour sa part « *keynésianisme bâtard* ». Dès ce moment, l'auteur apparaît comme une des figures majeures du courant postkeynésien, essentiellement défini par la formule du « retour à Keynes ».

Minsky s'est très tôt intéressé à l'analyse du cycle. Dans un de ses premiers articles publiés sur la question en 1957, il reprochait déjà « *aux auteurs qui ont construit les modèles multiplicateur-accélérateur d'avoir prêté peu d'attention, voire pas du tout, aux conditions et effets monétaires des processus supposés* ». Son programme de recherche était dès lors tout tracé : montrer comment entrepreneurs et banquiers mus par la recherche du seul profit transforment un système financier initialement robuste en un système sujet à des crises financières répétées. Ce programme a été développé très progressivement, par étapes successives, jusqu'à la synthèse consignée dans Minsky (1986).

Le point de départ de l'analyse gît dans la reconnaissance de deux systèmes de prix : l'un qui s'applique à la production courante des biens et services ; l'autre qui vaut pour les actifs financiers. Ces deux ensembles de prix sont liés puisque d'un côté, les biens d'investissement sont une partie de la production de la période de référence et de l'autre, ils ont un prix courant qui doit être cohérent avec leur prix en tant qu'actifs-capital (*capital assets*).

Les prix des biens produits dans la période courante sont déterminés « à la Kalecki » en appliquant un taux de marge (*mark up*) aux différents coûts, dont essentiellement celui du facteur travail. Les prix d'offre des divers types de biens d'investissement constituent un sous-ensemble de ces prix courants. Quant aux prix des actifs-capital, ils sont déterminés par l'offre et la demande sur des marchés spécifiques, leur offre étant fixe dans la période courante et leur demande fonction des flux monétaires (*cash flows*) anticipés sur leur durée de vie propre. Dans l'économie considérée, il existe en outre un ensemble d'actifs financiers (*financial assets*), que l'on peut assimiler à des actifs-capital, compte tenu qu'ils rendent également un flux de liquidités futures. Pour la détermination du prix de ces actifs, voir par exemple Minsky (1986, p. 200 et suiv.).

L'existence d'un prix pour un actif-capital ou un actif financier n'entraîne pas automatiquement la réalisation de l'investissement correspondant. Encore faut-il que cet investissement soit financé ! De ce point de vue, Minsky distingue essentiellement deux grandes sources de financement des entreprises : (i) les fonds internes, i.e. les bénéfices réservés, de ces entreprises, d'une part et (ii) les fonds externes collectés par emprunts bancaires ou à l'occasion d'émissions d'obligations ou d'actions, d'autre part. L'emprunt (bancaire ou sous la forme d'obligations) se traduit par des engagements de paiement ; il représente donc un coût, au même titre que le versement des salaires ou l'achat de biens intermédiaires, coût qui entre dans le prix d'offre des différentes marchandises. Il s'ensuit – Minsky (1986, p. 207) – que « *la décision d'investir nécessite une fonction d'offre d'investissement, qui dépend des coûts salariaux et des taux d'intérêt de court terme, ainsi qu'une fonction de demande d'investissement, dérivée à partir du prix des actifs-capital, de la structure anticipée et des conditions du financement* ».

Les positions des entreprises en matière d'actifs-capital sont financées par des combinaisons de parts d'actions et de dettes. Minsky distingue à cet égard trois régimes possibles : la finance de couverture, la finance proprement spéculative et enfin, la finance de Ponzi [6].

En se référant à Minsky (1986, annexe A, p. 371-379), on peut tenter de formaliser comme suit ces trois régimes financiers. Désignons par C_i les remboursements, lors de la période i, consécutifs aux engagements contractés à l'occasion d'un emprunt, par Q_i la quasi-rente anticipée (le profit), pour la même période, résultant d'un investissement déterminé et par $\sigma^2_{Q_i}$ la variance correspondante. Le financement de couverture d'une position exige que :

$$C_i < Q_i - \lambda\sigma^2_{Q_i}, \quad \text{pour tout } i, \tag{2.9}$$

6. Charles Ponzi est un escroc, d'origine italienne, mais installé aux États-Unis, qui en 1920 proposait un placement rapportant un rendement de 50 % sur investissement dans les 45 jours ; en réalité, il ne plaçait pas l'argent qui lui était confié ou seulement une faible partie ; il se contentait de payer les intérêts des clients les plus anciens avec les sommes fournies par les nouveaux et ainsi de suite.

où λ est tel que la probabilité subjective associée à $Q_i < C_i$ est très petite. En d'autres termes, plus l'écart entre le membre de gauche de (2.9) et son membre de droite est important et plus aussi la marge de sécurité de l'investisseur est significative. Il s'ensuit qu'une unité se finançant par couverture s'attend à ce que ses flux de trésorerie lui permettent de rembourser la dette contractée, principal et intérêts.

À l'inverse, si l'inégalité :

$$C_i > Q_i - \lambda\sigma^2_{Q_i}, \tag{2.10}$$

tient pour toute période proche de i, i.e. pour le court terme au moins, l'unité considérée dispose de flux de trésorerie insuffisants pour faire face au remboursement de ses dettes. Dans ce cas de figure, deux comportements sont possibles pour l'unité en question : soit ses liquidités ne couvrent que le paiement des intérêts et elle adopte alors un mode de financement spéculatif ; soit elle n'a même pas la capacité d'assurer le service des intérêts – elle est donc obligée de recourir à l'emprunt –, ce qui traduit un mode de financement qualifié « de Ponzi » par Minsky [7].

Plus le poids, dans une économie, de la finance spéculative et de celle de Ponzi est grand et plus cette économie est sujette à des crises financières. D'un point de vue général, les économies capitalistes connaissent l'alternance de périodes de robustesse et de fragilité financières selon la combinaison des trois types de financement qui prévaut. C'est lors de ces dernières qu'adviennent les récessions « sérieuses » (*serious*, Minsky, 1986, p. 194).

On peut dès lors résumer comme suit l'explication des fluctuations cycliques avancée par Minsky. Dans les périodes de tranquillité financière – par exemple, celle qui a suivi la seconde guerre mondiale jusqu'au « *credit crunch* » américain de 1966 –, marquées par l'absence de *boom* spéculatif, de même que par la prédominance de la finance de couverture, la gestion de la demande globale et l'intervention des banques centrales suffisent pour éliminer les variations trop importantes de la demande d'investissement. Mais la robustesse des structures financières laisse penser que cet état va perdurer, ce qui pousse à la multiplication des innovations financières et à l'adoption de comportements spéculatifs. Progressivement, les structures financières se fragilisent, les accidents (financiers) se multiplient, les comportements spéculatifs et de Ponzi se généralisent, l'endettement également. On entre alors dans une période d'instabilité, encore accrue par le *boom* spéculatif qui s'empare des Bourses. Survient une crise boursière, qui entraîne dans sa chute banques et institutions financières. La demande d'investissement s'effondre, tandis que la consommation se réduit consécutivement à la baisse des cours boursiers et à la nécessité de se désendetter. La récession s'ensuit, qui peut éventuellement déboucher sur une dépression profonde... comme dans les années trente du siècle précédent.

Hayek a reçu en 1974 le prix Nobel pour sa théorie du cycle, pourtant si longtemps décriée et marginalisée par la pensée économique de l'après-guerre. Cette attribution a encouragé un certain nombre d'auteurs autrichiens à prolonger l'analyse, en apportant leur propre contribution, tels que Murray Newton Rothbard (1926-1995) ou encore Roger Garrison (1944-). Les travaux de ce dernier ont inspiré de nombreuses applications contemporaines de la perspective hayekienne. Mais ces développements n'ont pourtant pas permis de lever certaines ambiguïtés propres à l'analyse autrichienne du cycle.

---

7. Minsky (1986, p. 377) précise que ce type de financement « *n'est pas nécessairement frauduleux* ».

Les représentants de l'école autrichienne se distinguent par leur insistance sur l'ignorance, le temps historique et le subjectivisme des anticipations. Ils privilégient le raisonnement qualitatif et condamnent l'utilisation du quantitativisme en économie. La légende veut d'ailleurs que Hayek n'ait pas pu trouver de poste au département d'économie de Chicago du fait de son hostilité aux statistiques, laquelle aurait déclenché le veto de Knight. Or, la théorie du cycle est une des rares incursions des autrichiens dans le domaine macroéconomique, et ses prolongements contemporains suscitent des interrogations. En effet, sans se référer à des variables macroéconomiques quantitatives, comment définir les paramètres du cycle ? De quelle manière identifier et mesurer le capital, traduire ses relations de substitution ou de complémentarité ? De la même façon, par quelle méthode mesurer l'impact de chocs de politique monétaire sur l'intérêt, les prix relatifs et la longueur des stades de production ? Enfin, comment identifier et mesurer l'écart du taux monétaire vis-à-vis du taux d'équilibre puisque celui-ci, en économie théorique, n'est qu'un référent théorique impossible à évaluer [8] ? Comme le relèvent Bismans et Mougeot (2008) : « *L'utilisation d'outils statistiques, économétriques, exige alors quelques assouplissements par rapport à la théorie autrichienne pure* ». Les récentes applications empiriques de la théorie autrichienne du cycle sont significatives de ces assouplissements, qui relèvent quelquefois du grand écart. La préoccupation de leurs auteurs – comme J. Keeler, R.F. Mulligan, P. Cwik et A. Hughes – est beaucoup moins d'identifier les fluctuations grâce aux outils autrichiens que de partir d'une approche conventionnelle du cycle, basée sur des faits stylisés établis par d'autres théories, pour examiner la pertinence de l'explication hayekienne.

Ambiguïté aussi au niveau normatif, qui nous renvoie à l'origine du cycle. A-t-on affaire à une approche exogène ou endogène des fluctuations ? Hayek, après son prix Nobel, a développé des thèses en 1976 et 1978 visant à affranchir la monnaie des manipulations d'ordre politique. Mais dans *Prix et production*, il décrivait l'architecture générale du crédit comme une structure pyramidale composée de différentes couches dont l'organisation interne est difficilement régulable par des instruments directs. Même si la quantité de monnaie fiduciaire reste stable, il peut arriver que les autres parties de la structure favorisent une augmentation de l'émission de crédit, suivant des mécanismes peu contrôlables par les autorités. L'accroissement de l'offre de monnaie au sens large et le développement du cycle ne sont donc pas toujours mécaniquement liés à une volonté expansionniste des banques centrales.

Ambiguïté enfin relativement au statut de l'équilibre. En 1928, Hayek a réfléchi très tôt sur les logiques d'équilibres intertemporels, d'une manière telle que Lucas y a vu une anticipation de ses propres travaux. Mais comment identifier empiriquement l'équilibre d'un point de vue autrichien puisqu'il n'existe pas de méthode permettant de s'assurer que toutes les opportunités connues sont exploitées ? Plus fondamentalement, pour les néo-autrichiens comme Israël Kirzner (1930-), le paradigme de l'ignorance empêche de considérer que toutes les opportunités disponibles soient connues et exploitées. Il y a donc toujours déséquilibre, mais on ne peut en connaître ni l'ampleur ni la source. Dans cette perspective, existe-t-il véritablement une épistémologie autrichienne du cycle ? De quelle manière, en termes respectueux du paradigme autrichien, rendre compte de la croissance, ou inversement de la crise ? Les autrichiens sont des théoriciens du déséquilibre et ils n'ont jamais délivré de caractère précis et mesurable de l'amélioration de la qualité de la coordination autrement que de manière négative par l'absence d'intervention.

8. Mises, dans son ouvrage *L'action humaine* paru en 1966, insistera quant à lui sur l'écart entre le taux d'intérêt monétaire sans expansion de crédit et le taux d'intérêt monétaire sans crédit. Mais cela signifie-t-il que tout crédit entraîne un cycle, et dans la négative à partir de quel niveau d'écart le cycle doit-il se déclencher ?

La dernière zone de flou concerne le statut explicatif ou prédictif de la théorie autrichienne du cycle. La plupart des études développées après le prix Nobel de Hayek sont rétrospectives des événements. La théorie et l'histoire sont ainsi mobilisées ensemble pour expliquer des moments particuliers. Doit-on alors renoncer à la prévision ? Dans *The Pretence of Knowledge*, texte correspondant à son allocution du prix Nobel en 1974, Hayek affirmait pourtant lui-même : « *je suis soucieux de le répéter, nous devons atteindre des prédictions qui peuvent être falsifiées et qui sont donc de signification empirique* ». Mais les choses ne sont pas si claires. Dans le même texte, Hayek condamne les évidences empiriques et précise qu'« *étant donné que ne pouvons pas savoir à quelle structure particulière de prix et de salaires s'associe l'équilibre, nous ne pouvons pas mesurer les déviations par rapport à cet équilibre ; nous ne pouvons pas non plus tester scientifiquement notre théorie selon laquelle ce sont les déviations par rapport au système de prix d'équilibre qui rend impossible de vendre quelques-uns des produits et services au prix où ils sont offerts* ».

2.7 Le renouveau des études économétriques

La première moitié des années 1970 apparaît rétrospectivement comme l'âge d'or de la modélisation macroéconométrique. Cependant, dès les débuts de cette décennie, l'analyse des séries temporelles va opérer des progrès considérables. En particulier, Box et Jenkins (1970), s'appuyant sur les travaux antérieurs de Yule et de Wold, développent une méthodologie de prévision fondée sur l'utilisation de processus stochastiques du type ARMA [9]. Formellement, si y_t désigne la valeur observée, en t, de la série y, alors un modèle ARMA (p, q) se représente par :

$$y_t - \phi_1 y_{t-1} - \cdots - \phi_p y_{t-p} = \varepsilon_t - \theta_1 \varepsilon_{t-1} - \cdots - \theta_q \varepsilon_{t-q}, \tag{2.11}$$

où (ε_t) est une suite de perturbations aléatoires, indépendamment et identiquement distribuées. Le membre de gauche de (2.11) constitue la partie autorégressive du modèle et le membre de droite sa partie moyenne mobile. On voit immédiatement ce qui différencie de tels modèles, essentiellement athéoriques, des systèmes d'équations simultanées, caractéristiques de l'approche de la *Cowles Commission*.

Nelson (1972), en utilisant la méthodologie de Box-Jenkins, a pu montrer, sur la période d'estimation 1956-1966, que les prévisions obtenues à l'aide de modèles univariés de la classe AR(I)MA surclassaient, la plupart du temps, celles fournies par le « gros » modèle FMP (nom abrégé du modèle macroéconométrique construit par la Réserve Fédérale, le MIT et l'Université de Pennsylvanie.)

De la souche Box-Jenkins devait naître l'économétrie des séries temporelles. Cette dernière conduisait à envisager le cycle économique d'une manière nouvelle. Représentative de cette tendance est la conférence sponsorisée par la Banque de Réserve Fédérale de Minneapolis, tenue en 1975 et dont les actes ont été publiés deux ans plus tard. Christopher Sims (1977, p. 1), qui édita ces actes, déclarait [10] d'emblée que « *les méthodes actuellement utilisées pour les analyses de politique économique les plus quantitatives sont fondamentalement déficientes* ». Et l'auteur de préciser qu'il existait deux grandes voies pour sortir de l'ornière des déficiences macroéconométriques et identifier

9. ARMA est un acronyme qui désigne un processus « autorégressif moyenne mobile » (*Autoregressive Moving Average*). En généralisant, on obtient des modèles ARIMA, c'est-à-dire des ARMA intégrés.

10. Sims s'abritait cependant, prudemment, derrière l'avis des « *économistes qui expérimentaient de nouvelles méthodes statistiques* ».

correctement les modèles du cycle : (i) se servir de méthodes statistiques plus élaborées pour prendre en compte la dimension dynamique de ces modèles, dimension largement ignorée par la théorie économique « statique » ; (ii) octroyer beaucoup plus d'attention à la logique du comportement optimal en incertitude et donc à ne pas exclure « *quelque variable que ce soit dans une équation du système sur la base d'une théorie a priori, parce que toutes les variables du système affecteront en général les anticipations* ».

Sims se rangeait évidemment dans ce second courant, ce qui le conduisit à préconiser, en 1980, l'utilisation des « autorégressions vectorielles » (VAR) qui ne sont rien d'autre qu'une généralisation multidimensionnelle des modèles autorégressifs. En effet, leur forme (générale) se résume au système d'équations dynamiques :

$$\mathbf{y}_t = \mathbf{A}_1\mathbf{y}_{t-1} + \cdots + \mathbf{A}_p\mathbf{y}_{t-p} + \mathbf{u}_t, \tag{2.12}$$

où $\mathbf{y}_t = (y_{1t}, \cdots, y_{Kt})$, les $\mathbf{A}_i$, $i = 1, \cdots, p$, sont des matrices de format $K \times K$ de coefficients et $\mathbf{u}_t = (u_{1t}, \cdots, u_{Kt})$ un vecteur de bruits blancs (on parle également d'innovations) de moyenne $\mathbf{0}$ et de matrice de variance-covariance $\mathbf{\Omega}_u$. Par le théorème de Wold, tout modèle VAR – stationnaire, on y reviendra bientôt – admet une représentation moyenne mobile infinie :

$$\mathbf{y}_t = \sum_{j=0}^{+\infty} \Theta_j \, \mathbf{u}_{t-j}. \tag{2.13}$$

Dès lors, si l'on interprète les innovations comme des chocs sur les variables endogènes, leur propagation s'effectue, de manière dynamique, dans l'ensemble du système. L'effet d'un choc $\mathbf{u}_t$ sur le vecteur $\mathbf{y}_{t+s}$, $s > 0$, est alors donné par la matrice des dérivées partielles d'élément général :

$$\theta_{ij,\,t+s} = \frac{\partial y_{i,\,t+s}}{\partial u_{jt}}. \tag{2.14}$$

L'interprétation de (2.14) est directe : le multiplicateur θ_{ij} mesure la réponse de la i-ème variable endogène à une impulsion, à un choc dans j survenu s périodes auparavant. On obtient à partir de ces multiplicateurs ce que l'on appelle les fonctions de réponse aux impulsions. C'est ce type de modèle que Sims utilisa en 1980 pour comparer le cycle américain (et aussi allemand) dans l'entre-deux-guerres et dans l'après-guerre.

On voit cependant où « le bât blesse » dans la modélisation : un VAR est par principe athéorique. Aussi, l'instrument est-il inapte à tester les théories (du cycle par exemple), mais également à analyser les effets des mesures de politique économique. Une autre critique, d'ordre statistique celle-ci, s'impose : la construction des fonctions de réponse et l'estimation des paramètres du modèle par moindres carrés reposent sur l'hypothèse de stationnarité [11] des séries chronologiques considérées.

De ce point de vue, un débat important va traverser dès le début des années quatre-vingt le monde des économistes et des statisticiens. On savait depuis longtemps que de nombreuses séries incorporaient un *trend* linéaire et on a vu que Persons, en 1919, avait probablement été le premier économiste à avoir proposé de les décomposer en différentes composantes dont le cycle. Dans la foulée, de nombreux praticiens ont extrait la tendance par des méthodes empiriques de lissage ou de

11. Intuitivement, une série est stationnaire (au second ordre) si sa moyenne et sa variance sont constantes et ses autocovariances ne dépendent pas du temps.

régression, le cycle étant alors mesuré comme l'écart par rapport à la tendance déterministe. L'article pionnier de Nelson et Plosser (1982) va remettre en cause une telle approche de non stationnarité et introduire une seconde classe de processus non stationnaires, purement stochastiques, qui obéissent à une *marche aléatoire*, de forme $y_t = y_{t-1} + \varepsilon_t$, où ε_t est un bruit blanc, c'est-à-dire un processus stationnaire.

On peut dès lors opposer comme suit les deux classes de processus :

$$\begin{cases} y_t = \alpha + \beta t + \varepsilon_t \\ y_t = y_{t-1} + \varepsilon_t. \end{cases} \tag{2.15}$$

À l'évidence, afin de stationnariser le premier processus dans (2.15), il suffit de soustraire la droite $\alpha + \beta t$ de y_t. Pour cette raison, Nelson et Plosser (1982, p. 141) ont nommé de tels processus *trend-stationnaires* (en abrégé TS). En revanche, si l'on différencie une fois la marche aléatoire, on obtient $\Delta y_t = y_t - y_{t-1} = \varepsilon_t$. Comme ε_t est stationnaire, Δy_t l'est également. En conséquence, un tel processus peut être rendu stationnaire par simple différenciation, ce qui permet de le qualifier de DS (*difference stationary*). La distinction est importante : en effet, si le processus est TS, le cycle est représenté par un ensemble de fluctuations *transitoires* et régulières autour de la tendance déterministe, du sentier de croissance ; par contre, si un processus est DS, la tendance sous-jacente est stochastique, ce qui implique que des chocs ont un impact permanent sur la série qui ne reviendra pas à sa trajectoire d'origine.

Tout le problème se résume alors à tester l'hypothèse nulle d'un processus DS contre celle, alternative, d'un processus TS. Pour ce faire, on met en œuvre des tests de *racine unité*[12], initialement développés par Fuller (1976). Nelson et Plosser aboutissent alors à la conclusion que sur les 14 séries macroéconomiques qu'ils étudient, toutes sauf une, le taux de chômage, admettent une racine unité et qu'en conséquence, elles sont durablement affectées par des chocs qui ont un caractère permanent.

En faisant fond sur cette analyse, de nouvelles méthodes d'extraction du cycle économique voient le jour dans les années 1980 (voir notamment Beveridge et Nelson, 1981). Toutefois, les études réalisées par plusieurs auteurs, à commencer par Perron (1989), en se fondant sur la présence de ruptures structurelles (*structural breaks*) dans les séries de Nelson et Plosser (1982), ont été amenées à relativiser et nuancer les résultats obtenus par ces derniers ; Perron (1989) ne dénombrant, par exemple, plus que trois séries avec racine unité. Le débat sur la question est donc loin d'être clos !

2.8 En somme, qu'est-ce que le cycle économique ?

Il y a aujourd'hui un accord assez général sur les termes de la définition donnée par Burns et Mitchell (1946, p. 3) : « *Un cycle consiste en phases d'expansion se produisant simultanément dans de nombreuses branches de l'économie, suivies de phases de récession, de contraction et de reprise*

12. Pour voir la signification de cette expression, considérons le processus AR(1) $y_t = \rho y_{t-1} + \varepsilon_t$, $|\rho| < 1$. Si $\rho = 1$, le processus devient une marche aléatoire. En utilisant l'opérateur retard L défini par $Ly_t = y_{t-1}$, le processus AR(1) s'écrit $(1 - \rho L)y_t = \varepsilon_t$. On obtient ainsi un polynôme du premier degré en L, dont l'équation correspondante est $1 - \rho L = 0$. Lorsque y_t est une marche aléatoire, $\rho = 1$ et la solution unique de cette équation est la racine $L = 1$; d'où le terme de racine unitaire (ou racine unité).

tout aussi générales, qui se fondent dans la phase d'expansion du prochain cycle ; cette suite de modifications est répétitive, mais non périodique ; du point de vue de leur durée, les cycles varient de plus d'un an à dix ou douze ans ».

Cette formulation, complexe, très nuancée, comporte trois éléments essentiels pour identifier les récessions et corrélativement les phases d'expansion : (i) le déclin de l'activité économique doit être suffisamment prononcé ; (ii) il doit affecter de nombreux secteurs de l'économie considérée ; (iii) enfin, la contraction doit se prolonger suffisamment longtemps, même si sa durée est nettement inférieure à celle des phases d'expansion et qu'il existe donc une asymétrie entre les expansions et les contractions.

Le problème est cependant de pouvoir transcrire cette définition dans la réalité, en particulier d'identifier la ou les séries qui permettent de mesurer l'activité économique agrégée, puis d'en trouver les points de retournement. Pour Burns et Mitchell (1946, p. 72), « *on peut donner une signification bien définie à l'activité agrégée et la rendre conceptuellement mesurable en l'assimilant au produit national brut* ». Toutefois, précisent immédiatement les deux auteurs – nous sommes en 1946 ! , cette série n'est pas de périodicité mensuelle ou trimestrielle ; en conséquence, ils proposent d'utiliser un ensemble de chroniques de remplacement à partir desquelles il est possible de déterminer le *cycle de référence* agrégé, essentiellement par des méthodes graphiques, c'est-à-dire en observant les groupes (*clusters*) de points de retournement.

À ce type d'approche, deux grandes critiques ont été adressées : d'une part, le cycle est une composante qu'il faut extraire de la série de référence et non cette chronique elle-même ; d'autre part, l'analyse graphique de Burns et Mitchell est exclusivement empirique et ne s'appuie pas sur les techniques de l'inférence statistique.

La critique s'exprime particulièrement dans le courant qui cherche à construire des « indicateurs coïncidents » du cycle sur une base probabiliste : l'article pionnier dans ce domaine est certainement celui de Stock et Watson (1991). La démarche a été rendue plus générale par Forni *et al.* (2000) avec leur modèle factoriel dynamique généralisé.

La seconde critique à l'encontre de l'approche de Burns et Mitchell est portée par tous ceux qui tentent d'isoler la composante cyclique dans la série étudiée. Les méthodes pour y parvenir sont très nombreuses. Pour autant, il ne s'agit, somme toute, que de versions modernisées des techniques de décomposition statistique des chroniques, initiées, on l'a vu plus haut, par Persons. Elles vont de la détermination de la « tendance des moyennes de phase », popularisée par les chercheurs du NBER américain jusqu'à l'utilisation des multiples filtres développés ces vingt dernières années.

La démarche commune à la plupart de ces méthodes consiste à (i) ôter le *trend* de la série étudiée et (ii) isoler le cycle. Nous occultons ici volontairement la question de la désaisonnalisation. Ôter la tendance peut s'opérer de trois manières principales : en estimant un *trend* linéaire déterministe, puis en le soustrayant de la série ; en différenciant la série pour éliminer le *trend* stochastique et enfin, en appliquant le filtre de Hodrick-Prescott.

Les deux premières méthodes, nommées respectivement *detrending* (« détendancisation ») et différenciation, reposent sur l'hypothèse implicite que la chronique étudiée, soit y_t, croît à un taux approximativement constant. Si on travaille avec le logarithme de la série en question, les variations temporelles de $\ln y_t$ sont équivalentes au taux de croissance g_y de y_t. En effet, $\partial \ln y_t / \partial t = (\partial y_t / \partial t)/y_t = \dot{y}_t / y_t = g_y$.

La procédure de *detrending* suppose que la série comporte une tendance *déterministe* et donc qu'elle obéit à un processus générateur des données de la forme :

$$y_t = y_0 (1 + g_y)^t e^{u_t}, \tag{2.16}$$

où u_t est un processus stochastique stationnaire au second ordre. Sous forme logarithmique, (2.16) devient :

$$\ln y_t = \ln y_0 + t \ln(1 + g_y) + u_t = \ln y_0 + g_y t + u_t, \tag{2.17}$$

puisque $\ln(1 + g_y)$ peut être approximé par g_y. On estime aisément g_y dans (2.17) par les moindres carrés ordinaires, après quoi il suffit de soustraire ce *trend* de $\ln y_t$. La série est alors dite *trend*-stationnaire.

Par comparaison, la méthode de différenciation suppose que la série y_t comporte une tendance stochastique et donc que le processus générateur de y_t est donné par :

$$\begin{aligned} y_t &= y_0 \, e^{\varepsilon_t}, \\ \varepsilon_t &= \delta + \varepsilon_{t-1} + u_t, \end{aligned} \tag{2.18}$$

où u_t est à nouveau un processus stochastique stationnaire au second ordre. En prenant les logarithmes dans (2.18), il vient :

$$\ln y_t = \ln y_0 + \varepsilon_t. \tag{2.19}$$

La différence première de $\ln y_t$ dans (2.19), compte tenu de (2.18), est donnée par :

$$\ln y_t \quad \ln y_{t-1} = \varepsilon_t - \varepsilon_{t-1} - \delta + u_t. \tag{2.20}$$

Comme on l'a déjà signalé, la série $\ln y_t$ est alors dite être *stationnaire par différenciation*. L'estimateur de δ est simplement égal à la moyenne des $\ln y_t - \ln y_{t-1}$, qu'il suffit de soustraire de (2.20).

Le choix d'une des deux procédures s'opère exclusivement sur base du fait que l'on pense que le processus générateur des données est donné par (2.17) ou par (2.20). C'est un choix difficile, car, on l'a vu, la controverse lancée par Nelson et Plosser (1982) sur la présence d'une racine unité dans les séries économiques n'est pas totalement concluante.

La troisième approche pour ôter le *trend* d'une série est celle de Hodrick-Prescott. Elle part de la décomposition de $\ln y_t$ sous la forme :

$$\ln y_t = g_t + c_t, \tag{2.21}$$

où g_t est la composante de croissance de $\ln y_t$ et c_t sa composante cyclique. Ensuite, il s'agit de déterminer les valeurs de c_t et de g_t qui minimisent :

$$\sum_{t=1}^{T} c_t^2 + \lambda \sum_{t=1}^{T} (g_t - 2g_{t-1} + g_{t-2})^2, \tag{2.22}$$

λ étant un paramètre donné (généralement pris égal à 1600 pour des séries trimestrielles). La suppression du *trend* conduit *in fine* à :

$$\ln y_t - \hat{g}_t = \hat{c}_t. \tag{2.23}$$

À côté de ces trois techniques, il existe des filtres dits « passe-bande » (*band-pass*) qui ne nécessitent pas d'ôter préalablement le *trend* d'une série pour en extraire la composante cyclique ; le principe général de ces filtres – Baxter-King et Christiano-Fitzgerald – est d'éliminer tous les cycles extérieurs à une bande de fréquence déterminée (entre 6 et 40 trimestres). En procédant de la sorte, on obtiendrait un filtre « optimal » ; en pratique, on doit cependant se contenter d'une approximation.

Au total, il y a autant de cycles différents qu'il y a de filtres et même davantage, en faisant varier les paramètres spécifiques à chacun des filtres. C'est la critique principale que l'on peut adresser à ce type d'approche. Il en existe d'autres, par exemple celle d'engendrer des fluctuations fallacieuses. Aussi, lorsqu'il s'agit vraiment d'identifier le cycle, en revient-on irrémédiablement à la définition qu'en ont donné Burns et Mitchell.

Chapitre 3

Définitions et typologie des cycles économiques

Laurent FERRARA et Valérie MIGNON

Pour mener à bien une datation des cycles, il convient préalablement de préciser la définition du cycle économique que l'on cherche à identifier. Il existe en effet différents types de cycles. On doit tout d'abord distinguer les cycles particuliers des cycles généraux. Les cycles particuliers – qui ne sont pas étudiés par le CDCEF – sont relatifs à un secteur donné (industrie, construction, finance...), alors que les cycles généraux – objet d'étude du CDCEF – concernent l'ensemble de l'activité économique. Ce chapitre présente une typologie usuelle des cycles économiques, à la fois théorique et empirique, et décrit les caractéristiques empiriques utilisées pour les dater et les détecter en temps réel.

3.1 Typologie des cycles : une approche théorique

Depuis Schumpeter (1939), la théorie distingue traditionnellement trois types de cycles en fonction de leur durée : les cycles de Juglar, Kitchin et Kondratieff[1].

3.1.1 Le cycle Juglar

La première analyse des cycles revient à Clément Juglar (1862) qui, en étudiant l'évolution de divers indicateurs économiques (prix, chiffre d'affaire, crédit, exportations, etc.) lors des premières crises du XIXe siècle en France, au Royaume-Uni et aux États-Unis, met en avant l'existence de mouvements périodiques et réguliers de l'activité économique avec une succession de phases d'expansion (prospérité), de crises et de contraction (liquidation). Il identifie ainsi un cycle dont la durée moyenne est de 8 à 10 ans (8,7 ans pour la France ; 8,4 ans pour le Royaume-Uni et 10 ans

1. Notons que Diebolt et Doliger (2006) distinguent également un quatrième type de cycles, qualifiés de cycles de Kuznets, d'une durée de 15 à 20 ans.

pour les États-Unis), que Schumpeter (1939) qualifiera de « cycle Juglar » afin de le distinguer de deux autres types de cycles de durées différentes, le « cycle Kitchin » et le « cycle Kondratieff ».

Selon Juglar (1862), l'origine des crises se trouve dans un excès de prospérité et de spéculation, renforcé par un recours massif au crédit. L'identification des cycles s'effectue ainsi *via* l'analyse du bilan des banques d'émission (portefeuille d'escompte et réserves métalliques) et l'étude de la dynamique des prix. Durant la phase de prospérité, la quantité d'escompte s'accroît, les réserves métalliques diminuent et les prix suivent une tendance haussière. Lorsque la crise émerge, les prix sont à leur sommet, les emprunteurs tentent d'escompter leurs créances pour satisfaire leurs engagements et les réserves métalliques s'effondrent. Les banques augmentent leurs taux d'intérêt et cessent d'accorder des crédits. La phase de liquidation survient alors, caractérisée par les ventes à perte des investisseurs, les faillites en chaîne, la déflation et l'effondrement des affaires. Selon Schumpeter (1939), le « cycle Juglar » s'explique par l'apparition d'innovations d'importance moyenne, comme les dynamos, les machines à tisser ou les radios.

3.1.2 Le cycle Kitchin

À côté de ce cycle Juglar de durée considérée comme intermédiaire, deux autres principaux types de cycles ont été identifiés. Joseph Kitchin (1923) établit, pour le Royaume-Uni et les États-Unis, l'existence d'un cycle d'une durée de 40 mois, qualifié de cycle court ou cycle mineur. Alors que selon Kitchin (1923), ce cycle à l'intérieur du cycle[2] s'expliquerait par des facteurs psychologiques, il résulterait d'après Schumpeter (1939) de phénomènes de stockage et déstockage de produits finis.

3.1.3 Le cycle Kondratieff

Les travaux généralement considérés comme les plus importants sont ceux de Nicolaï Dimitrievitch Kondratieff – datant des années 1920 – qui a mis en évidence l'existence de cycles longs, d'une durée d'environ un demi-siècle, en étudiant les séries des prix de gros au Royaume-Uni et aux États-Unis. L'origine de ces cycles se trouve dans « *le mécanisme de thésaurisation et d'accumulation puis dans la dispersion d'un capital suffisant pour créer de nouvelles forces productives* » (Kondratieff, 1992)[3]. L'investissement et le réinvestissement jouent ici un rôle clé. Comme le souligne Bosserelle (1994), « *l'origine des cycles longs serait à rechercher dans l'usure, le remplacement et l'augmentation du fond des biens de capitaux de base, c'est-à-dire, les grandes infrastructures, chemins de fer, canaux, etc., dont la production demande un long processus et des investissements particulièrement exceptionnels* ». La fin de la phase d'expansion est ainsi marquée par un manque d'épargne – de coût par ailleurs élevé – pour assurer le renouvellement des capitaux de base et l'exacerbation de conflits sociaux, provoquant un retournement de la situation économique. L'économie connait alors une chute des prix et des taux d'intérêt. Lors de la phase descendante du cycle, caractérisée par « *une longue dépression dans l'agriculture* » (Kondratieff, 1992), l'épargne s'accumule petit à petit, rendant possible la reprise.

Dans la lignée de Kondratieff, Schumpeter (1939) s'est attaché à expliquer ces cycles longs par des vagues d'innovations majeures, ces dernières survenant par grappes. Les phases de reprise puis d'expansion sont ainsi le résultat d'innovations émanant de quelques entrepreneurs qui, rejoints par d'autres, se forment en « essaims », permettant alors la diffusion des innovations par grappes.

2. Selon Schumpeter (1939), un cycle Juglar comporte trois cycles Kitchin.
3. L'ouvrage paru en 1992 rassemble les principaux articles de Kondratieff.

Le processus s'essouffle ensuite petit à petit et la phase de dépression émerge, donnant naissance au processus de « destruction créatrice ». Ce dernier, caractéristique des phases de dépression, est nécessaire au développement des économies capitalistes puisqu'il permet la destruction des anciens produits et la création de nouveaux. Ainsi, le premier cycle Kondratieff, démarrant vers 1785 et prenant fin vers 1842, correspond à la révolution industrielle ; le deuxième, s'achevant vers 1897, est lié à l'avènement de la machine à vapeur et aux chemins de fer ; le troisième au moteur à explosion, à l'électricité et aux produits chimiques ; le quatrième à l'électroménager et aux biens de consommation courante.

3.2 Typologie des cycles : une approche empirique

Les cycles présentés précédemment sont liés à des approches théoriques. En pratique, il s'avère qu'il est très difficile d'associer les données à l'un des trois cycles théoriques. Ainsi, les praticiens ont développé des approches orientées sur les données pour établir une typologie *ad hoc.* Trois principaux types de cycles peuvent être distingués dans la littérature empirique : le cycle des affaires, le cycle de croissance et le cycle d'accélération. Le CDCEF se concentre sur le cycle des affaires économiques (*business cycle*), ou encore cycle classique, et a pour objectif d'établir une chronologie historique des points de retournement de ce cycle pour l'économie française. Revenons brièvement sur les principales caractéristiques de ces trois catégories de cycles.

3.2.1 Le cycle des affaires

S'agissant de la définition du cycle des affaires, nous nous référons aux travaux originaux menés au NBER sur les méthodes descriptives des cycles économiques, en particulier par Burns et Mitchell (1946), qui ont défini des concepts sur les cycles qui font toujours référence aujourd'hui.

Un bref retour sur la méthodologie du NBER

La méthodologie mise en place par le NBER pour fixer les dates des récessions américaines repose sur une approche empirique – au sens où celle-ci est indépendante de tout courant de pensée économique en matière de traitement, sélection et classification des données – et n'a cessé de progresser grâce à l'amélioration de la qualité des données statistiques. Pour bien saisir l'idée sous-jacente à cette méthodologie, rappelons la définition du cycle économique donnée par Burns et Mitchell (1946) : « *Un cycle consiste en phases d'expansion se produisant simultanément dans de nombreuses branches de l'économie, suivies de phases de récession, de contraction et de reprise tout aussi générales, qui se fondent dans la phase d'expansion du prochain cycle* ».

Mettre en évidence le cycle économique d'un pays nécessite de mesurer l'activité économique globale de ce dernier. Comme le soulignent Burns et Mitchell (1946) : « *aggregate activity can be given a definite meaning and made conceptually measurable by identifying it with gross national product* ». Si la mesure à retenir, le Produit National Brut (PNB), est clairement identifiée, toute la difficulté réside dans le fait qu'il n'existait pas, à l'époque, de données exploitables du PNB. Les auteurs ont alors dû recourir à de nombreuses séries économiques afin de mesurer, à fréquence mensuelle, le niveau agrégé de l'activité économique.

Ainsi, sur la base de l'utilisation d'un très grand nombre de séries statistiques, il s'agit tout d'abord d'étudier leurs relations et leurs comportements cycliques. En d'autres termes, l'objectif est d'analyser les comouvements entre les séries individuelles, en tenant compte d'éventuelles différences de comportement au sens où certaines séries peuvent fluctuer en avance ou en retard par rapport à d'autres.

Les points de retournement de ces séries individuelles sont tout d'abord identifiés de façon graphique, il s'agit de l'étude des « cycles spécifiques ». La détermination des dates mensuelles des points de retournement du cycle économique global (« cycle des affaires ») s'effectue ensuite à partir de l'agrégation des cycles spécifiques, après avoir identifié dans quelle mesure les points de retournement des différents cycles spécifiques sont plus ou moins rapprochés. Le pic de l'activité économique correspond ainsi au mois au cours duquel divers indicateurs économiques atteignent leur niveau le plus élevé, suivi d'une baisse significative de l'activité économique. De même, un mois est qualifié de creux lorsque l'activité économique atteint un point bas et recommence à augmenter pendant une période prolongée.

L'analyse de la cohérence des comouvements des diverses variables (séries spécifiques) au cours du cycle économique a en outre permis la création d'indicateurs composites (ou agrégés) avancés (*leading indicators*), coïncidents (*coincident indicators*) et retardés (*lagging indicators*). La définition des cycles donnée par Burns et Mitchell indique que ceux-ci sont décomposés en phases ou régimes distincts. On différencie ainsi notamment les expansions des contractions et ces phases sont traitées séparément au sens où certaines séries sont classées comme indicateurs avancés ou retardés du cycle, en fonction de l'état général de la conjoncture. En d'autres termes, les séries individuelles ont un comportement différent selon la phase du cycle dans laquelle se trouve l'économie, témoignant de l'existence de non-linéarités.

Schéma du cycle des affaires

Comme mentionné ci-dessus, le *cycle des affaires* est le cycle du *niveau* de l'activité économique. Ce cycle se définit comme étant la succession de phases de baisse du niveau d'activité, c'est-à-dire de croissance économique négative (récessions), et de phases de hausse de ce même niveau, c'est-à-dire de croissance positive (expansions). Ces différentes périodes sont délimitées par des pics (plus haut niveau d'activité) et des creux (plus bas niveau d'activité) – correspondant aux points de retournement du cycle – et sont représentées sur la figure 3.1. Les points de retournement renvoient ainsi à l'alternance des pics et des creux qui délimitent les phases d'expansion (passage d'un creux à un pic) et de récession (passage d'un pic à un creux) de l'activité économique. Burns et Mitchell (1946) spécifient également que « *les cycles des affaires sont un type de fluctuations que l'on trouve dans les grands agrégats d'activité économique d'un pays (...) : un cycle est constitué de périodes d'expansion qui ont lieu à peu près en même temps dans plusieurs domaines d'activité suivies de périodes de récession...* ». Cette définition, on l'a vu, souligne deux caractéristiques importantes des cycles économiques, utiles pour développer des approches économétriques, à savoir (i) le co-mouvement, qui implique que les variables économiques représentatives du cycle évoluent ensemble au cours du cycle, et (ii) l'existence de deux régimes distincts d'expansion et de récession pouvant avoir des caractéristiques différentes en termes de durée, d'amplitude, de volatilité, etc.

S'inscrivant dans la lignée de Burns et Mitchell (1946) en définissant le cycle comme l'évolution du niveau de l'activité économique globale, Harding et Pagan (2002) ont remis la définition des

FIGURE 3.1 – Schéma du cycle des affaires

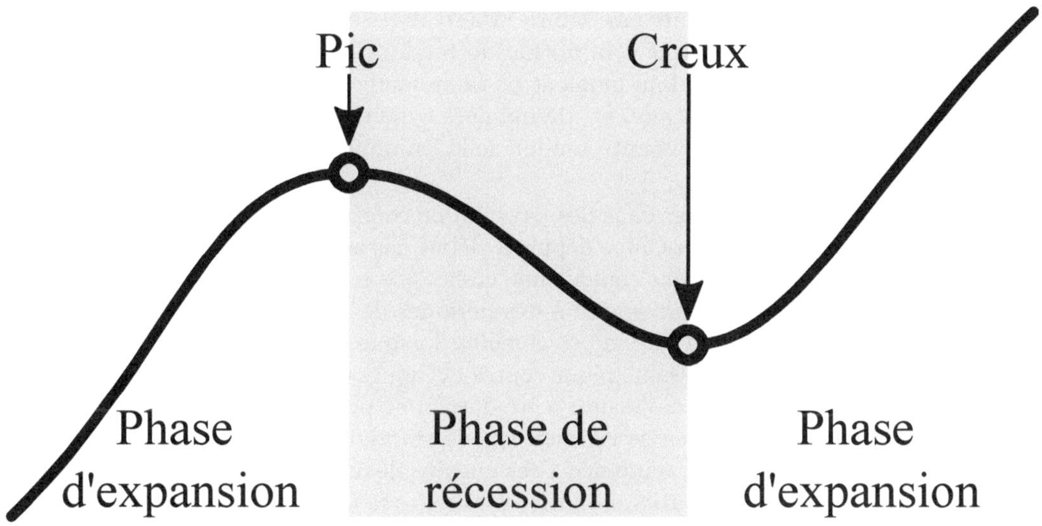

Note : Les pics et les creux correspondent aux points de retournement du cycle.

cycles classiques au goût du jour chez les économètres. Ils développent un algorithme (voir chapitre 4) leur permettant de localiser les points de retournement du cycle, qu'ils lient aux moments de la série étudiée, et introduisent une nouvelle mesure de la procyclicité. Cette méthodologie permet à Harding et Pagan (2002) de fournir les fondements statistiques manquants à l'approche de Burns et Mitchell et de décomposer les cycles en identifiant les contributions apportées par la croissance tendancielle, la volatilité, la corrélation sérielle et les effets non linéaires.

Les économistes se sont rendu compte que pour certaines économies, deux phases n'étaient peut-être pas suffisantes pour décrire correctement le cycle des affaires. Par exemple, on peut imaginer que la phase d'expansion puisse se décomposer en deux sous-périodes : (i) une période d'expansion régulière où le taux de croissance de l'économie serait proche de la moyenne de la croissance de long terme (ou croissance d'équilibre) et (ii) une période d'expansion forte où le taux de croissance serait de manière temporaire supérieur à la croissance d'équilibre (voir par exemple Ferrara, 2003). Cette dernière phase arrive souvent en sortie d'une récession lorsque l'économie rebondit et passe en régime de rattrapage par rapport à la période précédente, ce qui engendre des taux de croissance extrêmement élevés. C'est notamment ce que les économies des pays avancés ont connu en 2021, dans la foulée de la récession Covid. Dans d'autres pays, en particulier certains pays émergents, il peut être nécessaire de décomposer la phase de récession en une période de crise pour laquelle des taux de croissance très négatifs sont observés (par exemple des crises bancaires, des crises de change ou de balance des paiements) et une période de récession moins marquée caractérisée par des taux de croissance négatifs, mais pas nécessairement très faibles. Dans le cas de la France, il s'avère que deux phases sont suffisantes pour décrire le cycle des affaires qui est notre cycle d'intérêt principal dans ce travail. Les essais menés avec plusieurs phases n'ont pas été concluants (voir chapitre 6).

3.2.2 Le cycle de croissance

Le cycle de croissance, ou cycle de déviation (*output gap*), est le cycle de *l'écart à la tendance* de long terme, initialement introduit par Mintz (1969) dans un document de travail du NBER. Cette tendance de long terme renvoie à la notion de tendanciel, ou potentiel, de l'économie. Le pic du cycle de déviation correspond au moment où la croissance passe en dessous de la croissance tendancielle (maximum de l'*output gap*) et, de manière symétrique, le creux est le moment où la croissance passe au-dessus de la croissance tendancielle (minimum de l'*output gap*).

Ce cycle est très utile à considérer dans des pays qui ne connaissent que peu de récessions économiques, comme cela a été le cas de la Chine depuis le début des années 1990. Pour les économistes, il est important de savoir quand la Chine connaît une croissance économique au-dessus, ou en dessous, de sa croissance potentielle. Cela correspond à des périodes de *surchauffe* lorsque l'économie croît au-delà de son potentiel et à des périodes de *sous-régime* lorsque la croissance est plus faible que son potentiel. Les décisions de politique économique contra-cycliques se fondent souvent sur cette mesure. Initialement, le concept de cycle de croissance a été développé pour suivre l'activité économique des pays européens qui présentaient plus de rigidités que le standard de l'époque, à savoir l'économie américaine. Cette idée d'écart à la tendance s'est ensuite développée et on retrouve aujourd'hui cette mesure dans de nombreux outils de suivi conjoncturel tels que la courbe de Phillips, qui relie les prix et l'activité économique, ou la règle de Taylor qui cherche à déterminer les taux d'intérêt directeurs en fonction de l'activité économique, de l'inflation et possiblement d'autres variables.

L'estimation de ce type de cycle fait appel à de nombreuses méthodes économiques ou statistiques, mais aucune ne semble s'imposer clairement. La multiplicité des approches de décomposition tendance-cycle conduit en effet à des estimations différentes de la tendance, ce qui peut donner lieu à des datations du cycle de croissance très variables et difficiles à interpréter économiquement (voir Majetti, 2012, pour la France). Les méthodes traditionnelles de séparation du cycle et de la tendance reposent principalement sur deux techniques : le lissage et l'estimation d'une tendance déterministe.

De nombreuses méthodes de lissage existent, comme les moyennes mobiles ou encore les filtres dont les plus connus sont ceux de Hodrick-Prescott, Baxter-King et Christiano-Fitzgerald. L'estimation résultant de l'application des techniques de lissage souffre d'un biais important, provenant des effets de bord des méthodes utilisées : les filtres employés pour estimer la tendance reposent sur une moyenne mobile symétrique, posant des problèmes pour le calcul des derniers points de la série qui sont par ailleurs fondamentaux pour l'analyse conjoncturelle (voir notamment Orphanides et van Norden, 2002). Concernant les filtres, Cogley et Nason (1995) et Murray (2003) ont mis en évidence que ceux-ci pouvaient faire apparaître des cycles artificiels pour certains processus non stationnaires. Hamilton (2018) a en outre montré que le filtre Hodrick-Prescott introduit des relations dynamiques fallacieuses dans le processus générateur des données et que les valeurs filtrées à la fin de l'échantillon diffèrent fortement de celles situées au milieu de l'échantillon et sont également affectées par une telle dynamique parasite.

S'agissant de l'estimation directe d'un trend déterministe, la méthode consiste à estimer la tendance par régression et à assimiler les résidus de celle-ci au cycle, ainsi défini comme l'écart au *trend* estimé. Cette approche a fait l'objet de diverses critiques liées à la rigidité du concept de tendance uniforme en dépit des chocs affectant l'économie ou encore à la présence d'une racine unitaire dans les séries, nécessitant l'introduction d'une composante stochastique dans la tendance (Doz *et al.*, 1995). Ces limites ont donné lieu à de nombreuses autres approches permettant d'extraire la tendance (stochastique), comme la décomposition de Beveridge et Nelson (1981) ou encore les modèles à composantes inobservables. La décomposition de Beveridge et Nelson (1981) repose sur l'hypothèse que la série étudiée est la réalisation d'un processus ARIMA (non stationnaire), signifiant que la majeure partie de la variation du PIB est prise en compte par une tendance stochastique. Au contraire, dans un modèle à composantes inobservables, la variation cyclique domine. Cette différence entre les deux méthodes provient de l'hypothèse d'indépendance entre le cycle et la tendance effectuée dans les modèles à composantes inobservables.

3.2.3 Le cycle d'accélération

Le troisième concept de cycle économique souvent utilisé en pratique est le cycle dit *cycle d'accélération*. Ce concept de cycle distingue les phases de hausse du taux de croissance de l'économie et celles de baisse, c'est-à-dire respectivement les phases *d'accélération* et de *décélération* de l'activité. Le pic de ce cycle représente le maximum local atteint par le taux de croissance et le creux indique le minimum local de ce taux. Ce cycle possède une fréquence plus élevée que les cycles des affaires et de croissance (entre un et deux ans), et intéresse de fait particulièrement les conjoncturistes qui suivent au quotidien l'activité économique des pays. L'identification du cycle d'accélération s'effectue à partir des séries de taux de croissance de l'activité, en utilisant par exemple le taux de croissance trimestriel ou annuel du PIB. D'autres méthodes plus sophistiquées reposant sur un plus grand nombre de variables ont été également proposées (voir Darné et Ferrara, 2011).

L'inconvénient du cycle d'accélération est qu'il présente une plus forte volatilité que les autres types de cycles, ce qui est la contrepartie de sa fréquence plus élevée. Cela rend, en conséquence, plus difficiles sa datation et son suivi en temps réel. Ce cycle n'est pas souvent étudié dans les travaux académiques qui privilégient les cycles des affaires et de croissance qui ont un fondement théorique plus solide. On se réfère par exemple à Adanero-Donderis *et al.* (2009) pour une étude menée sur les données françaises ou à Darné et Ferrara (2011) pour une datation des cycles en zone euro. Mentionnons enfin que l'ECRI possède une datation des points de retournement du cycle d'accélération pour un grand nombre de pays.

3.2.4 Synthèse

Même s'il est délicat d'exhiber des fondements théoriques solides sur l'enchaînement des trois cycles économiques présentés précédemment, certains économistes ont tenté de rationaliser cet enchaînement à partir des données. Comme cela a été proposé dans Anas et Ferrara (2004), il existe une séquence dans les points de retournement de ces trois cycles, même si les cycles varient au cours du temps notamment en ce qui concerne leur source (crise financière, choc pétrolier, sur-investissement...). En particulier, Anas et Ferrara (2004), Zarnowitz et Ozyldirim (2006) et Ferrara (2009) détaillent les caractéristiques de ces cycles et présentent l'enchaînement de leurs différents points de retournement aux États-Unis et en zone euro.

La figure 3.2 reproduit schématiquement ces trois types de cycles : cycle des affaires (en niveau), cycle de croissance (écart à la tendance) et cycle d'accélération (cycle du taux de croissance). Les points α et β correspondent au maximum et au minimum du cycle d'accélération, les points B et C au pic et au creux du cycle des affaires et les points A et D au maximum et au minimum du cycle de croissance.

Si l'on examine de près cette séquence, tout d'abord, l'économie ralentit et voit son taux de croissance baisser (point α, pic du cycle d'accélération). Ensuite, si les conditions économiques se détériorent, le taux de croissance va passer en dessous de son taux de croissance tendanciel (point A, pic du cycle de croissance), même si le taux de croissance reste positif. Enfin, si l'économie bascule dans une phase de récession, le niveau de l'activité baisse (ou de manière équivalente le taux de croissance devient négatif) et le point B est franchi (pic du cycle des affaires). Évidemment, l'enchaînement des trois points n'est pas systématique. Un ralentissement de l'activité n'implique pas forcément que le taux de croissance va passer en dessous du taux de croissance tendanciel. De même, un pic du cycle de croissance ne débouche pas forcément sur une récession. C'est le cas notamment dans de nombreux pays européens. La distance entre les trois points reflète les caractéristiques du cycle en termes de durée, amplitude et pente (voir ci-dessous). En sortie de cycle, il existe une séquence similaire entre les points β (creux du cycle d'accélération), C (creux du cycle de croissance) et D (creux du cycle des affaires).

3.3 Caractéristiques empiriques des cycles

Parmi les trois types de cycles empiriques précédemment présentés, chacun possède des caractéristiques qui lui sont propres. La littérature a mis en évidence des caractéristiques principales des cycles que nous exploiterons dans le chapitre suivant, en particulier la durée, l'amplitude et la diffusion au sein de l'économie. L'asymétrie des phases est aussi souvent discutée.

3.3.1 Durée

La durée d'une phase ascendante du cycle correspond au temps écoulé entre le creux du cycle et le pic suivant. La durée d'une phase descendante du cycle est définie inversement comme le temps écoulé entre le pic et le creux suivant. En général, on suppose que le pic du cycle appartient à la phase ascendante et que le creux du cycle appartient à la phase descendante. Par exemple, dans le cas du cycle des affaires, une récession commence à la date suivant le pic d'activité, qui marque la fin de la phase d'expansion, et finit au moment du creux d'activité. Dans leur définition séminale, Burns et Mitchell notent que les phases du cycle des affaires doivent durer au moins quelques mois, sans préciser cependant de durée minimale. Par exemple, dans l'algorithme de Bry et Boschan (1971), la durée minimale d'une phase est de 5 mois et la durée minimale d'un cycle complet, de pic à pic ou de creux à creux, est de 15 mois. On retrouve généralement ces valeurs empiriques dans certains travaux de recherche ou des articles de presse qui considèrent qu'un pays est en récession si le taux de croissance de son PIB reste négatif deux trimestres de suite. De nombreuses études (voir par exemple Diebold, Rudebusch et Sichel, 1993) se sont posé la question de savoir si la probabilité qu'une phase s'achève augmentait avec le temps, c'est-à-dire si le cycle présentait la propriété de dépendance à la durée (*duration dependence*). À partir de données américaines depuis 1946, il semblerait que seules les phases de récession exhibent cette propriété. Aux États-Unis, depuis 1970, la durée moyenne d'une phase de récession est de moins de un an, contre six ans pour

FIGURE 3.2 – Les différents types de cycles

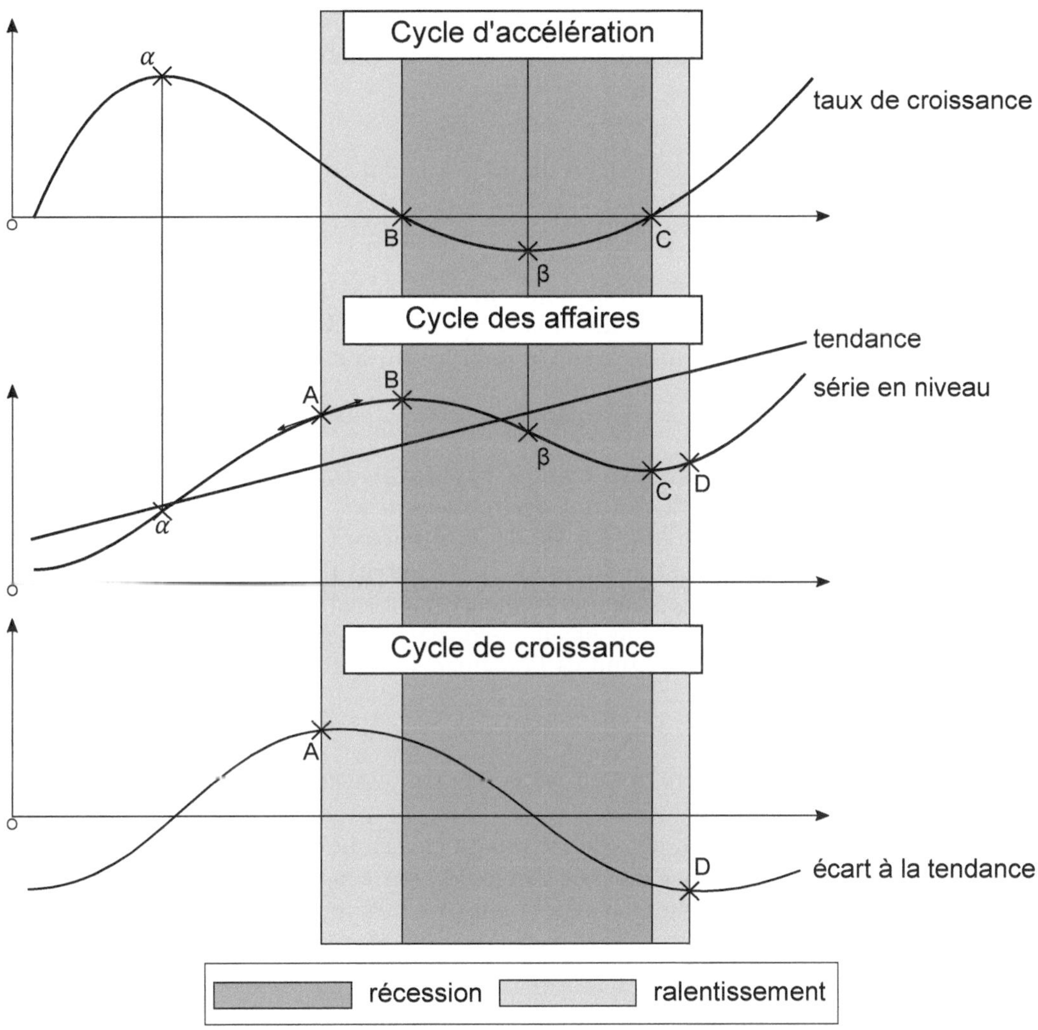

Source : Anas et Ferrara (2004).

une phase d'expansion. Ainsi, pour $j = 1, \ldots, J$, on notera D_j^a and D_j^d les durées des $j^{èmes}$ phases ascendantes et descendantes. La durée est exprimée en unité de temps (semaines, mois, trimestres...).

3.3.2 Amplitude

L'amplitude d'une phase ascendante est définie comme l'écart entre la valeur de la série représentative du cycle au creux et celle au pic. L'amplitude d'une phase descendante est définie inversement. L'amplitude d'une phase est mesurée par la distance absolue entre le pic et le creux (ou le creux et le pic) du cycle. L'amplitude d'une phase j donnée est donc définie de la manière suivante :

$$A_j = |Y_{t_P} - Y_{t_C}| \tag{3.1}$$

où Y_{t_P} est la valeur de la série représentative du cycle à la date du pic et Y_{t_C} à la date du creux.

3.3.3 Forme du cycle

Certains auteurs ont proposé d'utiliser une combinaison de la durée et de l'amplitude pour caractériser une phase du cycle. Par exemple, la sévérité S_j d'une phase j, pour $j = 1, \ldots, J$, est définie comme le produit des deux mesures de la manière suivante :

$$S_j = 0.5 \times D_j \times A_j. \tag{3.2}$$

Cette valeur est aussi connue comme étant « l'approximation triangulaire des mouvements cumulés » (*triangle approximation to the cumulative movements*, Harding et Pagan, 2002, p. 370). La sévérité d'une récession mesure la perte totale en supposant que cette phase est décrite par un triangle rectangle dont la base est la durée D_j et la hauteur l'amplitude A_j ; la perte est ainsi l'aire de ce triangle. Cependant, les vrais mouvements cumulés de la phase j, notés C_j, diffèrent généralement de la sévérité S_j, notamment en cas d'écart à la linéarité pendant les phases. Le mouvement cumulé de la phase j est défini de la manière suivante :

$$C_j = \left| \sum_i^{D_j} (Y_i - Y_0) \right| - 0,5 \times A_j, \tag{3.3}$$

où Y_0 est la valeur de la variable à la date du pic (ou du creux). Le terme $0,5 \times A_j$ enlève le biais de l'approximation d'un triangle par la somme de rectangles. Par conséquent, pour une phase j, l'écart entre le cycle observé et une croissance linéaire peut être mesuré par l'indice d'*excess cumulated movements* défini comme suit :

$$E_j = (C_j - S_j)/D_j. \tag{3.4}$$

Cet indice E_j peut être vu comme une mesure de l'écart à une croissance linéaire au cours d'une phase. Dans l'équation (3.4), l'indice est divisé par la durée de la phase afin que les phases puissent être comparables entre elles, indépendamment de leur durée. Notons que Camacho *et al.* (2008) proposent de ne pas diviser par la durée afin d'avoir une mesure globale sur l'ensemble de la phase. Un indice d'excès égal à zéro indique une évolution linéaire pendant la phase j du cycle (évolution négative ou positive selon le type de la phase). Par exemple, dans le cas du cycle d'accélération, un indice nul indique que l'accélération a été constante tout au long de la phase. Dans le cas du cycle des affaires, un indice d'excès nul signifie que la croissance au cours d'une phase d'expansion

FIGURE 3.3 – Indice d'excès des mouvements cumulés : les 4 cas possibles

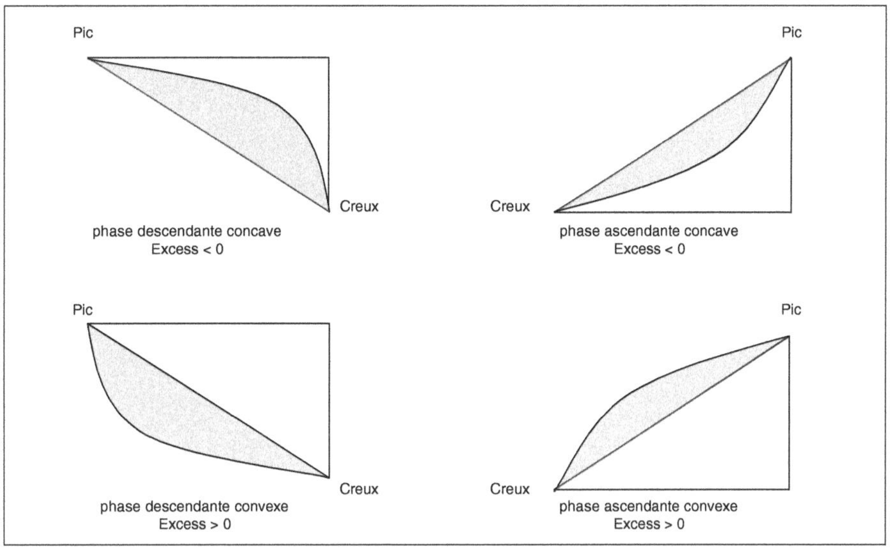

Source : d'après Anas et Ferrara (2004).

(ou la baisse au cours d'une récession) a été constante. Les différentes valeurs possibles de l'indice d'excès, donné par l'équation (3.4), sont présentées sur la figure 3.3. Pour une phase descendante du cycle, un indice positif reflète que la perte engendrée au cours de cette phase est plus forte que si la baisse avait été linéaire. Inversement, un indice négatif souligne que la baisse observée est plus faible que si elle avait été linéaire. De manière symétrique, pour une phase ascendante, un indice positif indique que le gain engendré au cours de cette phase est plus fort que si la hausse avait été linéaire, et inversement. L'indice d'excès permet donc de mettre en évidence des phases concaves et des phases convexes. On définit la concavité et la convexité par rapport à un gain linéaire dans une phase haussière et par rapport à une perte linéaire dans une phase baissière. Ainsi, on dira qu'une phase est concave si sa surface, mesurée par la sévérité S_j, présente un creux. Dans les phases concaves, on observe une évolution lente au début suivie d'une pente plus abrupte, alors que le contraire prévaut dans les phases convexes.

Notons également que pour quantifier le caractère abrupt d'une phase, Artis, Marcellino et Proietti (2004) proposent une mesure de la pente du mouvement (*steepness*) définie comme étant le rapport de l'amplitude sur la durée, soit :

$$R_j = A_j/D_j. \tag{3.5}$$

Ainsi, une forte amplitude associée à une faible durée provoque une phase avec une pente raide ou abrupte. Cela a été notamment le cas au cours de la récession Covid.

Le comité de datation des cycles de l'AFSE a pour seul objectif de dater le cycle des affaires de la France, c'est-à-dire d'identifier *ex post* les dates d'entrée et sortie de récession [4]. Dans un premier temps, le comité cherche à identifier ce cycle depuis 1970, sur une fréquence trimestrielle. À l'occasion de travaux futurs, le comité pourra rétropoler cette datation et/ou proposer une chronologie élaborée à une fréquence mensuelle.

4. Il est ici important de souligner que l'objectif du présent travail est la datation et non pas la prévision. En particulier, notre travail n'a aucunement vocation à fournir des prévisions de récession, ni à s'inscrire dans le domaine de l'analyse conjoncturelle en temps réel (*nowcasting*).

Chapitre 4

Méthodologie : mesures et modélisation des cycles économiques

Frédérique BEC, Catherine DOZ et Laurent FERRARA

La datation des cycles économiques des affaires est un exercice historique dont l'objectif est de fournir une chronologie des points de retournement du cycle (pics et creux) qui déterminera les phases de récession et d'expansion. Comme déjà évoqué, cette datation pourra ensuite être utilisée par les économistes en charge de développer des indicateurs cycliques ou de prévoir les évolutions à court terme. Cet exercice de datation diffère des exercices de détection en temps réel (*nowcasting*) ou de prévision (*forecasting*) et mobilise ainsi d'autres méthodes de mesure et de modélisation. Contrairement à ce que l'on pourrait penser de prime abord, dater les phases du cycle économique n'est pas forcément la tâche la plus aisée. La raison principale en est que les cycles sont par nature non observables et qu'il faut donc les estimer à l'aide des différentes approches statistiques et économétriques développées dans la littérature sur le sujet.

Une estimation simple des récessions, souvent utilisée par la presse et le grand public, consiste à identifier une récession dès que le taux de croissance du PIB affiche deux trimestres consécutifs de baisse. Cette règle dite « des deux trimestres » ne suffit toutefois pas à caractériser complètement une récession. Tout d'abord, sur les chronologies existantes pour d'autres pays, il arrive que cette règle ne coïncide pas avec les datations officielles. Par exemple, la récession américaine de 2001, liée à l'éclatement de la bulle Internet, ne serait pas identifiée aujourd'hui par la « règle des deux trimestres ». Par ailleurs, si cette règle peut être utile pour dater le début des récessions économiques, elle ne permet pas d'en identifier la fin. Plus généralement, cette règle ne se focalise que sur une seule caractéristique de l'entrée en récession et néglige d'autres caractéristiques importantes des cycles.

En particulier, Burns et Mitchell (1946) caractérisent une récession économique comme étant « *un déclin significatif de l'activité économique dans les différentes branches d'une durée supérieure à quelques mois. Cette baisse significative devrait normalement être présente dans le PIB, l'emploi, la production industrielle, les ventes des secteurs manufacturier et du commerce* ». Cette caractérisation des récessions est retenue par de nombreux travaux académiques (voir par exemple Harding et Pagan, 2003) qui ont mis en évidence trois caractéristiques principales : la durée, l'amplitude et la diffusion au sein de l'économie. C'est la règle dite « DAD » : durée, amplitude et diffusion [1]. La durée indique qu'une récession doit se prolonger sur plusieurs mois. Une durée minimale de six mois est en général considérée, d'où la « règle des deux trimestres ». Mais cette condition doit être associée aux deux autres, à savoir l'amplitude et la diffusion au sein de l'économie. L'amplitude renvoie au fait qu'une période de deux trimestres avec un taux de croissance du PIB très légèrement négatif ne serait pas nécessairement considérée comme une récession. À l'opposé, un événement qui ne durerait que trois mois mais avec une très forte amplitude, ayant des conséquences macroéconomiques importantes, pourrait être admis comme une récession. Le critère de diffusion renvoie à l'idée qu'une récession doit être largement diffusée au sein des différentes composantes de l'économie. C'est pour cela que l'analyse du seul PIB n'est pas suffisante pour évaluer l'occurrence des récessions. D'autres variables telles que l'emploi, la production industrielle ou le revenu des ménages doivent être intégrées dans le processus d'analyse. Au total, c'est la combinaison des critères de la « règle DAD » qui permettra au comité d'estimer les dates des phases de récession. Cette approche tend également à éviter une révision mécanique de la datation qui serait basée sur la « règle des deux trimestres » lors des révisions successives des séries de PIB.

D'autres caractéristiques du cycle des affaires ont également été mises en évidence telles que la forme du cycle, par exemple plus ou moins abrupte, ou le comportement asymétrique des phases – les phases de récession étant plus courtes et plus volatiles que les phases d'expansion. Plusieurs chercheurs se sont attachés à étudier si la probabilité qu'une phase s'achève augmentait avec le temps, c'est-à-dire si le cycle présentait la propriété de dépendance à la durée (*duration dependence*). En se basant sur des données américaines depuis 1946, il semblerait que seules les phases de récession exhibent cette propriété (Diebold *et al.*, 1993), même si ces résultats ont récemment été remis en question (Beaudry et Portier, 2019).

La méthodologie que nous avons mise en place au sein du CDCEF repose sur deux piliers. Le premier pilier vise à mesurer le cycle des affaires de la France à l'aide de méthodes économétriques. Ainsi, nous mettons d'abord en œuvre des approches non paramétriques (section 4.1) qui consistent à identifier les maxima et minima locaux dans des variables macroéconomiques censées représenter le cycle des affaires. Ensuite, nous estimons des modèles économétriques paramétriques (section 4.2), généralement non linéaires, utilisés traditionnellement dans la littérature empirique, tels que les modèles à seuil ou à changements de régimes markoviens. Le deuxième pilier repose sur une approche narrative basée sur l'avis des experts composant ce comité. Ce filtre dit du « dire d'experts » est extrêmement important dans ce type d'exercice car, si les méthodes quantitatives constituent une aide précieuse à la décision qui sera *in fine* prise par le comité, pour autant leurs résultats ne peuvent pas être pris directement en compte sans analyse économique qualitative poussée. Une des raisons est que les résultats obtenus sont sensibles aux différentes spécifications des modèles ou à la période de temps considérée. Le comité de datation que nous avons constitué comprend ainsi plusieurs profils à même d'intégrer différentes dimensions dans l'approche narrative : historique, macroéconomique, conjoncturelle, sectorielle, économétrique, etc. Cette approche reposant sur ces

1. La règle « DAD » est connue dans la littérature anglo-saxonne comme la règle dite des « 3D » : *Duration*, *Depth* et *Diffusion*. Mentionnons aussi les trois « P » pour *Pronounced*, *Pervasive* et *Persistent*.

deux piliers, mesures quantitatives et analyse qualitative, nous semble la plus adaptée pour ce type d'exercice.

Dans ce chapitre, nous présentons le premier pilier de notre méthodologie, reposant sur les approches économétriques. Les résultats relatifs au deuxième pilier, l'approche narrative, sont exposés dans le chapitre 7.

4.1 Datation des cycles par approches non paramétriques

Nous présentons ci-dessous le cœur de l'algorithme de Bry et Boschan (1971) que nous mettons en place dans le chapitre 6, sachant que nous avons à notre disposition des séries corrigées des variations saisonnières et des valeurs aberrantes. D'abord, nous déterminons un ensemble de points de retournement sur la série d'intérêt, notée Y_t ci-après, en utilisant la règle suivante qui permet d'identifier des maxima et minima locaux :

— Pic à la date t si $\{Y_t > Y_{t-k}, Y_t > Y_{t+k}, k = 1, \ldots, K\}$
— Creux à la date t si $\{Y_t < Y_{t-k}, Y_t < Y_{t+k}, k = 1, \ldots, K\}$

où $K = 2$ pour les séries trimestrielles et $K = 5$ pour des séries mensuelles. On notera que les points de retournement ne peuvent pas être identifiés 6 mois avant la date de fin.

Ensuite, une procédure pour s'assurer que les pics et les creux alternent est utilisée à partir de la règle suivante :

— en présence d'un double creux, la valeur la plus faible est choisie,
— en présence d'un double pic, la valeur la plus forte est choisie.

Une fois que les points de retournement candidats ont été identifiés, les critères de durée (D) et d'amplitude (A) sont évalués. La durée signifie que la récession doit durer « plus que quelques mois », comme cela est précisé par le NBER dans sa définition originale d'une récession, sans qu'il n'existe de durée minimum théorique de référence. Nous nous en tenons donc aux durées empiriques standards selon lesquelles une phase du cycle doit durer au moins 6 mois et un cycle complet au moins 15 mois. Ces durées minimales peuvent être modifiées selon la nature des séries considérées. Par exemple, pour une série très volatile et de haute fréquence, la durée minimale d'une phase pourra être augmentée.

L'amplitude mesure le fait que la récession doit être un « déclin significatif de l'activité », selon la définition originale du NBER. Mais, à nouveau, il n'existe pas d'amplitude minimale qui indiquerait que le déclin est significatif. Nous nous contenterons de comparer les amplitudes et les sévérités de chaque récession, telles que définies au chapitre précédent.

Le troisième critère de la règle DAD est la mesure de la diffusion de la récession candidate. Cette diffusion peut être considérée au sein des secteurs d'une économie (industrie, services, construction...) ou au sein de différents pays si on s'intéresse à une zone géographique ou monétaire, telle que par exemple la zone euro. Différentes méthodes de mesure existent, notamment lorsque le nombre de variables considérées est grand, telles que le calcul d'un indice de diffusion, le calcul d'un indice de concordance (Harding et Pagan, 2002) ou la mesure simultanée de diffusion et synchronisation parmi n variables proposée par Boehm et Moore (1984).

Supposons que l'on dispose de N séries binaires $(S_{it})_t$, pour $i = 1, \ldots, N$ telles que $S_{it} = 1$ si l'individu (pays, secteur...) i est dans la phase basse du cycle (i.e. récession) à la date t et zéro sinon. Pour chaque date t, on définit *l'indice de diffusion* D_t de la manière suivante :

$$D_t = \frac{1}{\sum_{i=1}^{N} \omega_i} \sum_{i=1}^{N} \omega_i S_{it}, \tag{4.1}$$

où ω_i est le poids de l'individu i. Ces poids peuvent être uniformes ($\omega_i = 1/N$) si l'on choisit de ne pas prendre en compte l'importance des secteurs au sein de l'économie (ou des pays au sein d'une zone). Mais dans la plupart des cas, cela semble raisonnable de supposer qu'une récession dans un secteur important de la structure économique du pays a plus de chances d'entraîner l'ensemble de l'économie dans son sillage que s'il s'agit d'une récession dans un secteur mineur. Cela revient à retenir des poids sectoriels ω_i qui reflètent par exemple la structure de la valeur ajoutée du pays.

Pour mesurer la synchronisation entre les cycles de deux pays ou deux secteurs, l'indice de concordance estime la fraction de temps où ces deux cycles sont dans la même phase (récession ou expansion). Contrairement à l'indice de diffusion, cette mesure n'utilise que l'information sur les dates des points de retournement des cycles. Dans le cas bivarié pour deux cycles i et j, l'indice de concordance CI s'écrit de la manière suivante :

$$CI = \frac{1}{T} \sum_{t=1}^{T} I_t, \tag{4.2}$$

où :

$$I_t = S_{it} S_{jt} + (1 - S_{it})(1 - S_{jt}). \tag{4.3}$$

À chaque date t, pour tout $(S_{it}, S_{jt}) \in \{0, 1\}$, I_t est égal à 1 si $S_{it} = S_{jt}$ et égal à 0 si $S_{it} = (1 - S_{jt})$.

Les indices de concordance sont des outils très utiles pour mesurer la synchronisation entre deux cycles. Harding et Pagan (2006) proposent des tests statistiques pour évaluer si deux cycles sont soit non synchronisés, soit parfaitement synchronisés. Dans leurs applications, ils testent la synchronisation entre les cycles d'affaires industriels de 12 pays industrialisés ou celle entre les marchés financiers australien, américain et britannique à partir des séries de prix des actions. Adanero-Donderis, Darné et Ferrara (2009) utilisent également cette mesure pour estimer le degré de concordance entre les cycles d'accélération des six grands pays de la zone euro.

Toutefois, il faut garder en tête dans les études empiriques que l'indice de concordance peut être trompeur car même si la corrélation entre S_{it} et S_{jt} est nulle, l'indice de concordance CI sera égal à 0,50 si la moyenne de S_{it} et celle de S_{jt} sont toutes les deux égales à 0,50. En effet, il est possible de prouver que l'espérance de l'indice de concordance dépend de la probabilité non conditionnelle de S_{it} et de S_{jt} (voir Harding et Pagan, 2002 ; Artis, Marcellino et Proietti, 2004). Par exemple, si la probabilité non conditionnelle est proche de 0,90, comme cela est le cas pour la phase d'expansion du cycle des affaires, on peut montrer que même si le coefficient de corrélation entre les deux cycles est nul, alors l'espérance de CI est proche de 0,84.

TABLEAU 4.1 – **Table de contingence**

		Variable S_j		
		Expansion	Récession	Sous-total
Variable S_i	Expansion	n_{00}	n_{01}	$n_{0\bullet}$
	Récession	n_{10}	n_{11}	$n_{1\bullet}$
	Sous-total	$n_{\bullet 0}$	$n_{\bullet 1}$	N

L'indice de concordance peut également être centré, comme cela a été proposé par Artis, Marcellino et Proietti (2004), on parle alors de *mean corrected concordance index*. On note $\bar{S}_i$ la probabilité non conditionnelle d'être en récession pour la variable $(S_{it})_t$, i.e. $\bar{S}_i = T^{-1}\sum_t S_{it}$. Sous l'hypothèse que $(S_{it})_t$ et $(S_{jt})_t$ sont indépendantes, l'estimateur de l'espérance de l'indice de concordance est $2\bar{S}_i\bar{S}_j = 1 - \bar{S}_i - \bar{S}_j$. L'indice de concordance centré est donné par :

$$CI^* = \frac{2}{T}\sum_{t=1}^{T}(S_{it} - \bar{S}_i)(S_{jt} - \bar{S}_j). \tag{4.4}$$

Artis, Marcellino et Proietti (2004) proposent un test asymptotique fondé sur l'indice de concordance centré. Dans cet objectif, CI^* doit être divisé par un estimateur convergent de son écart-type sous l'hypothèse nulle d'indépendance.

Une autre manière de tester la dépendance entre deux variables binaires est d'utiliser le test de Pearson de l'hypothèse nulle d'indépendance entre deux variables binaires. Sous l'hypothèse nulle d'indépendance, la statistique de Pearson, $\hat{\chi}^2$, suit une distribution du Chi-2 à un degré de liberté et est définie par :

$$\hat{\chi}^2 = \sum_{i=0}^{1}\sum_{j=0}^{1}\frac{(n_{ij} - (n_{i\bullet}n_{\bullet j}/N))^2}{(n_{i\bullet}n_{\bullet j}/N)}, \tag{4.5}$$

où les n_{ij} sont décrits dans le tableau 4.1. Le principal inconvénient de ce test provient de la nature du cycle des affaires : le faible nombre de récessions et leur durée relativement courte impliquent que le régime d'expansion est très persistant. Cette importante autocorrélation de la variable binaire entraîne ainsi un fort rejet de l'hypothèse nulle. Toutefois, si l'hypothèse nulle est rejetée, la valeur du seuil donne une mesure du degré de dépendance entre les cycles.

La statistique $\hat{\chi}^2$ donnée par l'équation (4.5) permet de calculer le coefficient de contingence de Pearson, qui peut être perçu comme l'équivalent du coefficient de corrélation dans le cas de variables binaires. Dans le cas de deux variables, la valeur maximale est $\sqrt{0,5}$. Pour obtenir une statistique entre 0 et 100, on utilise donc généralement le coefficient de contingence corrigé, CC_{corr}, tel que proposé dans Artis, Krolzig et Toro (2004) :

$$CC_{corr} = \frac{CC}{\sqrt{0,5}} \times 100, \tag{4.6}$$

où :

$$CC = \sqrt{\frac{\hat{\chi}^2}{N + \hat{\chi}^2}} \quad (4.7)$$

Dans notre contexte, au regard du faible nombre de variables que nous considérons (voir chapitre 6), nous évaluons simplement cette diffusion en comptabilisant les occurrences de récessions estimées sur ces différentes variables candidates. Une limite de cette approche est qu'il est difficile de mener une inférence statistique étant donné que les probabilités de distribution des différentes mesures (durée, amplitude, sévérité, diffusion) ne sont pas connues et que le nombre d'observations est très faible depuis 1970. Nous considérons les valeurs estimées de ces mesures comme des bases de comparaison pour les différentes périodes.

4.2 Datation des cycles par modèles paramétriques

Nous présentons dans cette section les deux types de modèles paramétriques auxquels nous aurons recours dans le chapitre 6 : les modèles à seuil et les modèles à changements de régimes markoviens [2].

4.2.1 Modèles à seuil

Modèles TAR, SETAR et STAR

Les processus à seuil de type TAR (*Threshold AutoRegressive*) ont été introduits par Tong et Lim (1980) afin de reproduire certains faits stylisés d'une série chronologique, tels que les cycles limites, l'irréversibilité temporelle ou un comportement asymétrique. Bien qu'introduits au début des années 1980, les modèles à seuil n'ont été utilisés en pratique que dans un passé récent, en partie à cause des difficultés liées à l'estimation du paramètre de seuil. De plus, aucune méthodologie simple de modélisation n'était disponible. Les modèles TAR ont surtout été utilisés en pratique pour reproduire des asymétries, en particulier sur des séries macroéconomiques, telles que le PIB américain (Tiao et Tsay, 1994 ; Potter, 1995), le taux de chômage américain (Hansen, 1997), ou l'indice de la production industrielle dans la zone euro (Ferrara et Guégan, 2005). Dans le cas du modèle TAR, la variable de transition gouvernant le passage d'un régime à l'autre est observée. Il peut s'agir soit d'une variable exogène, telle qu'un indicateur avancé, soit d'une combinaison linéaire des valeurs passées de la série. Dans ce dernier cas, on parle alors d'un modèle à seuil auto-excitant (*Self-Exciting Threshold AutoRegressive*, ou SETAR). Par ailleurs, alors que dans le cas d'un modèle TAR le changement de régime est brutal, les modèles STAR (*Smooth Transition AutoRegressive*) sont caractérisés par une transition lisse (ou souple ou douce) entre les deux régimes. La monographie de Tong (1990) propose une revue exhaustive de ces modèles.

2. L'ouvrage de Teräsvirta, Tjøstheim et Granger (2010) donne un aperçu très complet des modèles de séries temporelles non linéaires, incluant les modèles à seuil et les modèles à changements de régimes markoviens.

Considérons une série $Y_t, t = 1, ..., T$, et le cas de deux régimes. Un modèle $TAR(p)$ s'écrit comme suit :

$$Y_t = \begin{cases} \phi_0^{(1)} + \sum_{i=1}^{p} \phi_i^{(1)} Y_{t-i} + \varepsilon_t^{(1)} \text{ si } s_t < c \\ \phi_0^{(2)} + \sum_{i=1}^{p} \phi_i^{(2)} Y_{t-i} + \varepsilon_t^{(2)} \text{ si } s_t \geq c \end{cases} \tag{4.8}$$

où c est le seuil pour lequel le système passe d'un régime à l'autre et s_t est la variable de transition. $\varepsilon_t^{(1)}$ et $\varepsilon_t^{(2)}$ sont des bruits blancs non corrélés entre eux.

Dans ce modèle, le changement de régime est brutal ou discret : on passe subitement d'un état à un autre. Luukkonen, Saikkonen et Teräsvirta (1988), Luukkonen et Teräsvirta (1991), Teräsvirta et Anderson (1992) et Teräsvirta (1994) ont proposé une extension de ces modèles au cas des modèles STAR caractérisés par une transition lisse entre les deux régimes. On passe ainsi d'un état à un autre de manière continue et non plus de façon discrète. Un modèle $STAR(p)$ s'écrit :

$$Y_t = \phi_0^{(1)} + \sum_{i=1}^{p} \phi_i^{(1)} Y_{t-i} + \left(\phi_0^{(2)} + \sum_{i=1}^{p} \phi_i^{(2)} Y_{t-i} \right) F(s_t; \gamma, c) + \varepsilon_t \tag{4.9}$$

où ε_t est un bruit blanc, $F(s_t; \gamma, c)$ est la fonction de transition d'un régime à un autre (bornée entre 0 et 1), s_t est la variable de transition, c est le seuil et γ détermine le degré de lissage de la transition d'un régime à l'autre.

La fonction $F(s_t; \gamma, c)$ peut, par exemple, prendre une forme logistique :

$$F(s_t; \gamma, c) = [1 + \exp(-\gamma(s_t - c))]^{-1} \tag{4.10}$$

et le modèle formé des équations (4.9) et (4.10) est qualifié de modèle LSTAR (*Logistic* STAR). Lorsque $\gamma \to 0$, la fonction logistique approche une constante (égale à 0,5) et quand $\gamma = 0$, le modèle STAR se réduit à un modèle linéaire autorégressif. Une revue détaillée de ces modèles est présentée dans le livre de Teräsvirta, Tjøstheim et Granger (2010).

Modèle TAR augmenté d'un effet rebond

Nous estimerons dans le chapitre 6 un modèle autorégressif à seuil de type TAR augmenté d'une fonction susceptible de capturer un effet rebond de forme assez générale. En notant Y_t la série représentant les taux de croissance trimestriels, le modèle TAR avec effet rebond, noté $BBF(p, m, \ell)$, s'écrit de la manière suivante :

$$\phi(L) Y_t = \mu_t + \varepsilon_t \tag{4.11}$$

où L désigne l'opérateur retard, $\phi(L)$ est un polynôme de retards d'ordre p, dont les racines sont de module supérieur à un, ε_t est un processus bruit blanc Gaussien d'espérance nulle et de variance σ^2 et μ_t est défini de la manière suivante :

$$\begin{aligned} \mu_t &= \gamma_0(1 - s_t) + \gamma_1 s_t + \lambda_1 s_t \sum_{j=\ell+1}^{\ell+m} s_{t-j} \\ &\quad + \lambda_2(1 - s_t) \sum_{j=\ell+1}^{\ell+m} s_{t-j} + \lambda_3 \sum_{j=\ell+1}^{\ell+m} Y_{t-j-1} s_{t-j} \end{aligned} \tag{4.12}$$

Les paramètres (ℓ, m) correspondent respectivement au retard avec lequel s'exerce l'effet rebond et à la durée de ce dernier. Les paramètres λ_i pour $i = 1, 2, 3$, capturent l'existence et l'amplitude du phénomène de rebond. La fonction indicatrice qui gouverne les changements de régime est définie par :

$$s_t = 0 \text{ si } Y_{t-1} > \kappa \text{ et } 1 \text{ sinon}, \tag{4.13}$$

où κ est le seuil, supposé négatif. Il s'agit bien d'un modèle à seuil, asymétrique, puisque la valeur de μ_t dépend du régime défini par s_t. On remarque que sous l'hypothèse, notée H_0^N, selon laquelle tous les paramètres définissant les caractéristiques de l'effet rebond sont nuls, i.e. $\lambda_i = 0$ pour tout i, le modèle donné par les équations (4.11) et (4.12) se ramène à un modèle TAR standard. Tester l'hypothèse $H_0^N : \lambda_i = 0,$ pour tout i, revient donc ici à tester l'existence même d'un effet rebond.

L'originalité de ce modèle provient de l'équation (4.12) qui spécifie une fonction visant à capturer un effet rebond en sortie de crise. Cette fonction reste assez générale pour englober les formes de rebond existant dans cette littérature, à savoir les reprises en U, en V ou encore celles qui dépendent de la sévérité de la récession, dites en D (pour *Depth-shaped recovery*), telles que décrites dans Kim *et al.* (2005). Dans le modèle $BBF(p, m, \ell)$ général, l'hypothèse nulle de linéarité correspond à $\mu_t = \mu$ constant, c'est-à-dire à $\lambda_1 = \lambda_2 = \lambda_3 = 0$ et $\gamma_0 = \gamma_1$. Sous cette hypothèse, le paramètre de seuil n'est pas identifiable : il s'agit donc d'un paramètre de nuisance. Ce problème est bien connu dans la littérature sur les modèles à seuil et la solution consiste à calculer la statistique du *SupLR* dont la distribution est obtenue par *bootstrap* selon la méthode suggérée par Hansen (1996). Si la linéarité est rejetée, la présence d'un effet rebond peut alors être testée par un simple test du rapport de vraisemblance de l'hypothèse H_0^N dont la statistique est distribuée selon une loi du Chi-2 à trois degrés de liberté. Le test des différentes formes de rebond, H_0^U, H_0^V, H_0^D peut ensuite être réalisé toujours à partir de la statistique du rapport de vraisemblance, distribuée cette fois-ci selon une loi du Chi-2 à deux degrés de liberté [3].

Une fois les modèles TAR précédents estimés, on peut en déduire une chronologie des points de retournement. On l'estime d'abord sans contrainte, en supposant que les points de retournement correspondent aux dates des changements de régime, c'est-à-dire lorsque le seuil estimé est franchi. On peut également introduire des contraintes de durée pour s'assurer que les phases de récession soient plus longues qu'un trimestre.

4.2.2 Modèles à changements de régimes markoviens

Nous considérons à présent un modèle à changements de régimes markoviens (MS) classiquement mobilisé dans la littérature sur la datation des cycles à l'aide de modèles paramétriques, en particulier initiée par les travaux de James Hamilton (1989, 1990). Ces modèles MS ont été développés afin de prendre en compte un certain type de non-stationarité présente dans de nombreuses séries économiques et financières. Ayant observé que ce type de séries présente souvent des ruptures dans leur moyenne, l'idée originale d'Hamilton (1989) a été de modéliser cette non-stationarité à l'aide d'un processus linéaire par morceaux. En particulier, on suppose que la série observée peut être approchée au moyen d'un processus autorégressif dont les paramètres évoluent au cours du temps selon une variable inobservable qui suit une chaîne de Markov S_t du premier ordre à K régimes.

3. Plus précisément, H_0^U correspond à $\lambda_1 = \lambda_2 = \lambda \neq 0$ et $\lambda_3 = 0$, H_0^V correspond à $\lambda_1 = \lambda_3 = 0$ et $\lambda_2 \neq 0$, et H_0^D correspond à $\lambda_1 = \lambda_2 = 0$ et $\lambda_3 \neq 0$.

Ainsi, Hamilton a proposé dans son article original un modèle univarié AR(4) dont les paramètres sont gouvernés par une chaîne de Markov à deux régimes pour la variation trimestrielle du PIB des États-Unis.

Dans cette vision markovienne de la conjoncture, chaque régime correspond alors à un état du cycle économique, tel que par exemple récession / expansion, lorsque $K = 2$, selon la définition originale du cycle des affaires proposée par Burns et Mitchell (1946). L'hypothèse sous-jacente à la chaîne de Markov du premier ordre est que la probabilité de se trouver dans un certain régime de la conjoncture à une date donnée dépend uniquement de ce régime à la date qui précède, c'est-à-dire que pour chaque date t, S_t ne dépend que de S_{t-1}, soit :

$$P(S_t = j|S_{t-1}, S_{t-2}, S_{t-3} \dots) = P(S_t = j|S_{t-1} = i) = p_{ij} \tag{4.14}$$

pour tout $i, j = 1, 2$. Ces probabilités sont définies comme étant les probabilités de transition qui mesurent la probabilité de changer de régime entre deux dates, ou de rester dans le même régime, de telle sorte que $p_{i1} + \cdots + p_{iK} = 1$. En outre, on suppose que si la conjoncture est bonne, elle a plus de chance de le rester le mois suivant que de se dégrader, et inversement. Cela se traduit par des valeurs théoriquement élevées pour les probabilités p_{ii} se trouvant sur la diagonale de la matrice de transition η de dimension (K, K) définie par :

$$\eta = \begin{pmatrix} p_{11} & \dots & p_{K1} \\ & \dots & \\ p_{1K} & \dots & p_{KK} \end{pmatrix} \tag{4.15}$$

Ces probabilités de transition p_{ij} sont supposées constantes au cours du temps, mais certains auteurs ont permis à ces probabilités de varier au cours du temps (voir, par exemple, Filardo, 1994). Évidemment, le choix du nombre de régimes K soulève de nombreuses questions et doit être adapté au nombre de phases du cycle considéré (voir par exemple Ferrara, 2003, pour une discussion sur ce sujet). Généralement, s'agissant de la conjoncture économique, le nombre d'états varie entre deux (favorable et défavorable) et trois (favorable, neutre et défavorable). Par exemple, dans le cas du cycle des affaires qui nous intéresse en priorité, l'état défavorable est la récession, l'état favorable est l'expansion. La présence d'un troisième état intermédiaire correspond souvent, notamment pour de nombreux pays de la zone euro, à un régime de croissance positive mais peu soutenue.

Au cours de l'étape d'inférence statistique, fréquemment menée à l'aide de l'algorithme EM de Hamilton (1990), l'estimation des paramètres θ des modèles permet de fournir en sortie, pour chaque date t, la probabilité instantanée d'appartenance à un régime donné sachant le passé, ou probabilité filtrée, définie par :

$$P(S_t = i|\hat{\theta}, F_t), \tag{4.16}$$

où F_t est l'ensemble d'information disponible à la date t et $\hat{\theta}$ le paramètre estimé du modèle. Cette probabilité filtrée définie par l'équation (4.16) peut être récupérée par le conjoncturiste afin d'évaluer l'état courant de l'économie. Dans une optique historique de datation des cycles, on s'intéresse plutôt à la probabilité lissée d'appartenance au régime, définie par :

$$P(S_t = i|\hat{\theta}, F_T), \tag{4.17}$$

où T est le nombre total d'observations, qui utilise l'information sur l'ensemble de la période considérée. On utilise ainsi l'ensemble d'information disponible sur tout l'échantillon. Il est à souligner que l'algorithme d'estimation permet d'obtenir la probabilité prévue $P(S_t = i|\hat{\theta}, F_{t-1})$ qui peut être récupérée dans une optique prévisionnelle.

Une fois obtenue la chronique des probabilités lissées, elle peut être utilisée pour classer les observations entre les différents régimes. Dans le cadre de la datation des cycles, une règle simple consiste à assigner l'observation à la date t au régime qui a la plus grande probabilité lissée :

$$i^* = \arg \max_{i=1,\dots,K} P(S_t = i/F_T, \hat{\theta}). \tag{4.18}$$

Les dates de passage d'un régime à l'autre sont considérées comme les points de retournement du cycle économique. Dans le cas du cycle des affaires à deux régimes, le point de retournement est identifié lorsque le seuil de 0,50 est franchi. Ce seuil peut être discuté et possiblement augmenté ou baissé en fonction du risque que le praticien souhaite prendre. De même, des contraintes peuvent être introduites à cette étape, de manière à éviter des périodes trop courtes dans les régimes.

En notant Y_t, $t = 1, \dots, T$, la série représentant le taux de croissance trimestriel d'une variable non stationnaire, le modèle $MS - AR(p)$ avec deux régimes s'écrit de la manière suivante :

$$Y_t - \mu(S_t) = \sum_{i=1}^{p} \phi_i(S_t) Y_{t-i} + \sigma(S_t)\varepsilon_t \tag{4.19}$$

où S_t est une variable aléatoire prenant ses valeurs dans $\{1, 2\}$, les ϕ_i sont les p paramètres autorégressifs qui dépendent du régime S_t, $\sigma(S_t)$ est l'écart-type du terme d'erreur qui dépend du régime et ε_t est un processus bruit blanc Gaussien d'espérance nulle et de variance unitaire. La représentation complète du modèle requiert la spécification de la variable S_t comme une chaîne de Markov du premier ordre à deux régimes, comme définie précédemment.

La difficulté d'implémentation des modèles à changements de régimes markoviens provient du fait que la chaîne de Markov S_t est inobservable par nature et doit être identifiée lors de l'étape d'estimation des paramètres. Cette étape est souvent délicate en pratique et des problèmes de convergence des algorithmes d'estimation peuvent apparaître sur certaines variables ou pour certains pays qui n'affichent pas des cycles économiques très marqués.

Le chapitre suivant dresse une revue des principaux travaux de la littérature portant sur la datation des cycles économiques français utilisant les méthodes présentées dans ce chapitre.

Deuxième partie

Application à la France

Chapitre 5

La datation des cycles économiques français : une revue de la littérature

Antonin AVIAT, Frédérique BEC, Emmanuel BÉTRY, Claude DIEBOLT, Catherine DOZ, Denis FERRAND, Laurent FERRARA, Éric HEYER, Valérie MIGNON et Pierre-Alain PIONNIER

Ce chapitre présente les différentes datations du cycle des affaires de l'économie française disponibles dans la littérature académique, ainsi que celles fournies par diverses institutions. La littérature sur l'analyse empirique des cycles économiques met en évidence deux grandes stratégies pour élaborer une datation des points de retournement : (i) les approches dites non paramétriques reposant sur des algorithmes de reconnaissance de formes et (ii) les approches paramétriques basées sur l'estimation de modèles économétriques.

5.1 Datation des cycles par approches non paramétriques

L'approche traditionnelle de datation des cycles, initiée par le NBER, repose sur l'identification des pics et des creux sur des variables d'intérêt en niveau, à l'aide d'algorithmes de reconnaissance de formes aptes à détecter les maxima locaux (pics) et les minima locaux (creux) d'un cycle. À l'image de l'approche proposée par Bry et Boschan (1971) présentée dans le chapitre précédent, ces méthodes focalisent de manière séquentielle sur chaque phase du cycle. Elles sont dites non paramétriques, au sens où elles ne nécessitent pas l'estimation des paramètres d'un modèle économétrique. À partir d'une première identification des points de retournement, on peut estimer les différentes

TABLEAU 5.1 – **Datations du cycle des affaires français à partir d'approches non paramétriques**

	DM	*Majetti*	*ABFL*	*CC*	*ECRI*	*TCB*
Pic	T3 1974	T3 1974	T3 1974	T3 1974	M7 1974	M8 1974
Creux	T1 1975	T2 1975	T1 1975	T1 1975	M6 1975	M5 1975
Pic	T1 1980	T1 1980	T1 1980	T1 1980	M8 1979	M2 1980
Creux	T4 1980	T4 1980	T1 1981	T3 1980	M6 1980	M8 1981
Pic					M4 1982	M10 1982
Creux					M12 1984	M1 1985
Pic	T3 1992	T1 1992	T1 1992	T1 1992	M2 1992	M2 1992
Creux	T1 1993	T2 1993	T1 1993	T3 2002	M8 1993	M12 1993
Pic			T4 2002	T3 2002	M8 2002	M8 2002
Creux				T2 2003	M5 2003	M5 2003
Pic	T1 2008	T1 2008			M2 2008	M2 2008
Creux	T2 2009	T1 2009			M2 2009	M8 2009
Pic					M4 2011	M2 2012
Creux					M11 2012	M4 2013

Note : DM : Damette et Rabah (2010), données de 1970 à 2009; Majetti : Majetti (2012), données de 1970 à 2009; ABFL : Anas *et al.* (2007), données de 1970 à 2002; CC : Cotis et Coppel (2005), données de 1970 à 2003; ECRI : *Economic Cycles Research Institute*, datation mise à jour en continu de 1948 à 2020; TCB : *The Conference Board*, datation mise à jour en continu de 1945 à 2020. Les cellules grisées indiquent l'absence de dates pour l'étude concernée.

caractéristiques de la « règle DAD » afin de valider ou non les cycles. Harding et Pagan (2002) proposent une extension de cette méthode à un cadre trimestriel, ainsi que d'autres mesures pour évaluer la forme des récessions (concave ou convexe). En général, les séries des agrégats en provenance des comptes nationaux sont utilisées, en particulier le PIB et l'investissement des entreprises. Dans le cadre de datations mensuelles, les séries de production industrielle, de ventes ou de revenu des ménages sont également généralement mobilisées.

En ce qui concerne le cycle des affaires de la France, les datations obtenues *via* des approches non paramétriques sont présentées dans le tableau 5.1. Damette et Rabah (2010) et Majetti (2012) ont appliqué l'algorithme de Bry et Boschan (1971) sur la série du PIB pour dater les points de retournement, de 1970 à 2009. Ils obtiennent des datations similaires et identifient quatre récessions sur cette période de temps : le premier choc pétrolier en 1974-1975, le second choc pétrolier en 1980, la crise de 1992-1993 et la Grande Récession de 2008-2009. Cette datation avait été proposée par Anas *et al.* (2007) qui avaient utilisé les séries de PIB et de production industrielle pour estimer les cycles dans plusieurs pays européens. Les auteurs identifient un pic dans le cycle en 2002, à la différence des deux études précédentes. Les travaux de Cotis et Coppel (2005), menés sur un ensemble de pays de l'OCDE, révèlent aussi une récession en France du troisième trimestre 2002 au deuxième trimestre 2003 qui serait intervenue dans la foulée de la récession américaine de 2001 liée à l'éclatement de la bulle Internet.

L'étude de Candelon et Hénin (1995) mérite également d'être signalée. S'intéressant à la récession des années 1990 en France, aux États-Unis, au Canada, en Allemagne, au Royaume-Uni, en Italie et au Japon, les auteurs construisent une chronologie des cycles en introduisant un algorithme applicable sur des séries historiques et réplicable sur des séries simulées. Il s'agit d'identifier des cycles par datation des points de retournement d'une série indicatrice et d'associer à la typologie ainsi construite une série d'indicateurs pertinents. Les auteurs montrent, qu'à la date de rédaction de l'article, l'économie française est la moins cyclique des sept pays de l'OCDE considérés et que le cycle du début des années 1990 fait partie des plus importants depuis les années 1950, la phase de contraction ayant en effet été particulièrement longue en France. Deux instituts situés aux États-Unis se sont spécialisés dans l'analyse des cycles et fournissent des datations pour un grand nombre de pays, mises à jour régulièrement et disponibles pour le public. L'*Economic Cycle Research Institute* (ECRI) est un institut co-fondé par Geoffrey Moore, spécialisé de longue date dans l'analyse cyclique et qui publie des datations de cycles pour 22 pays, à la fois pour le cycle des affaires et le cycle d'accélération [1]. L'ECRI a une méthodologie qui se veut proche de celle du NBER pour identifier les pics et les creux du cycle des affaires, à partir de méthodes non paramétriques. Le *Conference Board* est un autre institut connu pour ses travaux sur l'analyse et la détection des cycles, initiés par Victor Zarnowitz, en particulier pour produire des indicateurs avancés et coïncidents d'un grand nombre d'économies. Le *Conference Board* publie également des datations des phases de récession et d'expansion pour plusieurs pays [2]. Leur approche repose sur l'algorithme de Bry-Boschan. Les deux instituts américains ont tendance à identifier plus de cycles en France que les autres travaux, en particulier une deuxième récession dans les années 1980, ainsi qu'une récession en 2002-2003 dans la foulée de la récession américaine (voir tableau 5.1). D'autres institutions européennes, telles que la BCE ou Eurostat, ont mené des travaux sur l'analyse des cycles en France (voir Peersman et Smets, 2001 ; Mazzi et Savio, 2006), mais sans proposer de datation officielle.

Ces approches non paramétriques sont simples et efficaces, mais ont l'inconvénient de ne pas pouvoir s'étendre simplement à un cadre multivarié afin de capter le mouvement commun au cycle des affaires. Deux approches peuvent être mises en place dans ce contexte pour tenir compte du mouvement commun à un ensemble de variables (voir Stock et Watson (2014) pour une discussion). La première stratégie, traditionnelle au NBER pour le suivi des cycles, consiste à établir la chronologie des points de retournement sur plusieurs variables, puis à agréger ensuite ces dates communes (stratégie dite du *date then average*). La seconde stratégie repose sur l'idée d'agréger d'abord toutes les variables d'intérêt dans une seule variable, puis de dater cette variable agrégée. Dans cette seconde stratégie, dite du *average then date*, une hypothèse standard est de considérer que le PIB est censé représenter l'évolution de l'économie agrégée. Une solution alternative consiste à construire une variable synthétique agrégée, par exemple en extrayant un facteur commun à un grand nombre de variables à l'aide d'un modèle à facteurs dynamiques qui peut être estimé par une analyse en composantes principales (ACP) ou une autre méthode.

S'agissant du cycle des affaires de la France, la première stratégie n'a pas été utilisée à ce jour, du moins à notre connaissance. La seconde stratégie a été mise en œuvre dans la lignée des travaux de Doz et Lenglart (1999) sur la construction d'indicateurs composites. Ainsi, Cornec (2006) construit une série de PIB mensuel pour la France à l'aide d'un modèle à facteurs dynamiques

1. `https://www.businesscycle.com/resource-center`
2. `https://conference-board.org/pdf_free/BusinessCycleReferenceDates.pdf`

multi-fréquences qui intègre le PIB trimestriel et trois autres variables mensuelles (l'indice de la production industrielle, l'emploi salarié et la consommation des ménages). Sur la période 1985-2005, il identifie une seule récession, de septembre 1992 à mai 1993.

5.2 Datation des cycles par approches paramétriques

Plusieurs travaux de datation des cycles de l'économie française utilisent des modèles économétriques paramétriques, cherchant ainsi à modéliser le processus qui a engendré les données. Ces modèles ont la particularité d'être non linéaires, à même de capter le fait que l'économie évolue selon deux régimes avec des caractéristiques différentes, un régime d'expansion et un régime de récession, et cherchent à modéliser le passage d'un régime à l'autre. Les différents modèles existants se distinguent par la manière dont le changement de régime se produit ; il peut être le fruit d'une chaîne de Markov ou résulter d'une variable de transition qui est observable (voir chapitre précédent).

Parmi ces différents modèles, le modèle à changements de régimes markoviens (MS, *Markov Switching*), popularisé par les travaux de Hamilton (voir par exemple Hamilton, 1989), a prouvé sa capacité à reproduire fidèlement le cycle des affaires des États-Unis. Le modèle fournit, à l'issue de l'étape d'estimation, une probabilité d'être dans un des deux régimes de croissance, pour chaque date. Lorsque la probabilité franchit un seuil donné (en général 0,50), cela est interprété comme un point de retournement du cycle. Les premiers articles concernent l'économie américaine, mais une première adaptation sur données françaises a été proposée par Rabault (1993). Dans ce contexte, l'approche utilisée est d'estimer un modèle à changements de régimes sur la série du taux de croissance du PIB français [3]. En général, seuls deux régimes sont considérés, même si l'existence d'un troisième régime peut se révéler utile dans certains cas (voir par exemple Ferrara (2003) pour l'économie des États-Unis).

Le premier travail de Rabault (1993) sur le PIB français de 1950 à 1990 (ainsi que sur cinq autres pays avancés) ne permet d'identifier qu'une seule récession depuis le premier choc pétrolier (voir tableau 5.2). L'auteur met en évidence les problèmes d'estimation rencontrés avec ce type de modèles et indique que sa datation pour la France ne semble pas bien « coller » avec le narratif sur le cycle des affaires. Damette et Rabah (2010) étendent le travail initial de Rabault (1993) en considérant la période 1970-2009 et en permettant un changement structurel dans la moyenne du taux de croissance à partir du troisième trimestre 1979. Ils mettent en évidence quatre périodes de récession présentées dans le tableau 5.2, qui semblent cohérentes avec le narratif historique. Un résultat intéressant de leur étude est la corrélation parfaite entre la datation obtenue *via* la méthode de Bry et Boschan (1971) et celle issue de l'estimation du modèle à changements de régimes markoviens.

3. Il convient de souligner que même si l'estimation est effectuée sur le taux de croissance du PIB, l'analyse porte sur le cycle du *niveau* de l'activité économique (cycle des affaires). Les régimes de croissance auxquels il est fait référence correspondent en effet aux récessions, c'est-à-dire aux phases de baisse du niveau d'activité (taux de croissance du PIB négatif), et aux expansions, c'est-à-dire aux phases de hausse de ce même niveau (taux de croissance du PIB positif).

Dans ce cadre, d'autres approches paramétriques ont été utilisées afin de fournir une datation du cycle des affaires de la France. Par exemple, Bec *et al.* (2015) proposent une extension du modèle à changements de régimes markoviens qui tient compte des rebonds de croissance en sortie de récession avant de revenir ensuite à un régime standard de croissance. Ce modèle n'identifie que les deux récessions avec la plus forte amplitude, à savoir le premier choc pétrolier et la Grande Récession.

Toutefois, si l'on souhaite tenir compte simultanément du co-mouvement entre variables cycliques et de la non linéarité des phases du cycle des affaires, il est nécessaire d'étendre l'analyse à un cadre multivarié. Cela peut s'effectuer à l'aide d'un modèle VAR à changements de régimes (MS-VAR, voir Krolzig, 2001 ; Sims et Zha, 2006) ou d'un modèle à facteurs à changements de régimes (MS-DFM pour *Markov Switching Dynamic Factor Model*, voir Kim, 1994 ; Diebold et Rudedusch, 1996). C'est cette dernière spécification que retient Nguiffo-Boyom (2006) pour la France en estimant un modèle avec quatre variables issues d'enquêtes d'opinion représentatives du cycle français, à savoir les perspectives personnelles de production et les stocks dans l'industrie manufacturière, ainsi que les commandes dans le bâtiment et dans le commerce de gros. Les résultats sont présentés dans le tableau 5.2. Toutefois, les données d'enquête sont en général plus adaptées à la description de la conjoncture en temps réel que pour établir des datations de cycles, qui reposent plutôt sur des données réelles de production ou de consommation. Doz et Petronevich (2015) étendent cette approche à un plus grand nombre de variables et estiment plusieurs spécifications du modèle MS-DFM. Elles étudient, d'une part, les datations obtenues en utilisant un très petit nombre de variables et en estimant le modèle en une étape et, d'autre part, les datations obtenues en utilisant un très grand nombre de variables et en estimant le modèle en deux étapes. Elles préconisent de privilégier la deuxième approche pour la robustesse des résultats qui en sont issus. La datation qui en est extraite est présentée dans le tableau 5.2 et comporte un nombre élevé de périodes de récession. Les épisodes identifiés semblent en fait être plus proches des périodes de baisse du cycle de déviation à la tendance de long terme. Même s'ils sont moins populaires que les modèles à changements de régimes markoviens pour la datation des cycles économiques, certains modèles non linéaires, dont la variable de transition est observable, ont également été utilisés dans ce cadre. On pense notamment aux modèles autorégressifs à seuil (*Threshold AutoRegressive, TAR*), retenus par Potter (1995) pour modéliser le taux de croissance du PIB américain, ou aux modèles autorégressifs à transition lisse (*Smooth Transition AutoRegressive, STAR*) utilisés par Teräsvirta et Anderson (1992). Toutefois, à notre connaissance, il n'existe pas d'exemple d'application pour dater le cycle français.

Les chronologies des points de retournement du cycle des affaires issues de modèles paramétriques présentent une plus forte variance, comparées à celles obtenues à partir des approches non paramétriques. Cela reflète une plus grande sensibilité des résultats à la spécification du modèle, justifiant ainsi la stratégie à deux piliers mise en œuvre par le comité.

TABLEAU 5.2 – **Datations du cycle des affaires français à partir de modèles paramétriques**

	DM	*Rabault*	*BBF*	*NB*	*DP*
Pic	T3 1974	T4 1974	T3 1974		
Creux	T1 1975	T1 1975	T2 1975		
Pic	T1 1980			T4 1979	
Creux	T4 1980			T4 1980	
Pic	T3 1992			T1 1992	
Creux	T1 1993			T1 1993	
Pic				T2 1995	T3 1995
Creux				T4 1995	T4 1996
Pic					T1 2001
Creux					T2 2003
Pic	T1 2008		T2 2008		T2 2008
Creux	T2 2009		T2 2009		T2 2009
Pic					T3 2011
Creux					T3 2013

Note : DM : Damette et Rabah (2010), données de 1970 à 2009 ; Rabault : Rabault (1993), données de 1950 à 1990 ; BBF : Bec, Bouabdallah et Ferrara (2015) ; NB : Nguiffo-Boyom (2006), données de 1979 à 2005 ; DP : Doz et Petronevich (2015), données de 1990 à 2014 (nous avons éliminé les fluctuations d'amplitude trop courte identifiées par ces auteures). Les cellules grisées indiquent l'absence de dates pour l'étude concernée.

5.3 Quelles sont les dates des récessions potentielles issues de la littérature ?

À partir des différents travaux menés sur la France, on peut mettre en évidence un certain nombre de périodes de récession qui semblent faire consensus entre 1970 et 2010. Il apparaît ainsi que quatre périodes sont communes à l'ensemble des estimations : le premier choc pétrolier de 1974-1975, l'année 1980, la crise de 1992-1993 et la Grande Récession de 2008-2009. Les études qui se prolongent au-delà de 2010 tendent également à converger vers l'existence d'une autre récession entre 2011 et 2013, liée à la crise des dettes souveraines en zone euro. D'autres périodes ont été mises en évidence dans certains travaux, comme l'existence d'un double mouvement (*double dip*) au début des années 1980 ou d'une récession en 2002-2003 dans la foulée de l'éclatement de la bulle Internet aux États-Unis. Toutefois ces dates ne font pas consensus. Nous présentons dans le chapitre suivant nos propres mesures quantitatives de ces périodes de récession potentielles, avant d'en proposer une évaluation qualitative dans le chapitre 7, dans le cadre de notre stratégie d'identification à deux piliers.

Notons que d'autres travaux, datant du milieu des années 1990, ont été menés sur la datation des cycles de l'économie française, mais en se focalisant sur le cycle de l'écart à la tendance. Allard (1994), Fayolle (1993) et Portier (1994) s'intéressent ainsi à la manière optimale d'extraire ce cycle *via* des mesures de la tendance de long terme. L'OCDE propose une chronologie des points de retournement de ce cycle pour la France et pour l'ensemble des pays de l'OCDE [4]. Les indicateurs avancés produits par l'OCDE cherchent ainsi à anticiper les points de retournement futurs de ce cycle particulier.

4. `https://data.oecd.org/leadind/composite-leading-indicator-cli.htm`

Chapitre 6

La datation des cycles par le CDCEF : résultats des approches économétriques

Antonin AVIAT, Frédérique BEC, Emmanuel BÉTRY, Claude DIEBOLT, Catherine DOZ, Denis FERRAND, Laurent FERRARA, Éric HEYER, Valérie MIGNON et Pierre-Alain PIONNIER

Ce chapitre présente les résultats du CDCEF issus de la mise en œuvre du premier pilier de sa stratégie, à savoir l'estimation de chronologies de référence à partir d'approches économétriques. Après une description des données utilisées, les résultats des estimations non paramétriques puis paramétriques sont exposés.

6.1 Données

Nous utilisons les données officielles fournies principalement par l'Insee, disponibles à fin 2020. Nous portons essentiellement notre attention sur les données échantillonnées à une fréquence trimestrielle, disponibles sur la période T1 1970 - T2 2020. Nous étudions en particulier le Produit Intérieur Brut total (PIB, en volume aux prix de l'année précédente chaînés, CVS-CJO [1]), l'emploi total (personnes physiques, total branches, effectif en milliers, CVS), le volume horaire de travail de l'ensemble des emplois (salariés ou non, total branches, nombre d'heures (en millions), CVS-CJO), l'investissement des entreprises non financières (total en volume aux prix de l'année précédente chaînés, CVS-CJO) et le taux d'utilisation des capacités de production (TUC, industrie

1. CVS : corrigé des variations saisonnières, CJO : corrigé des jours ouvrables.

FIGURE 6.1 – Variables macroéconomiques trimestrielles utilisées depuis 1970

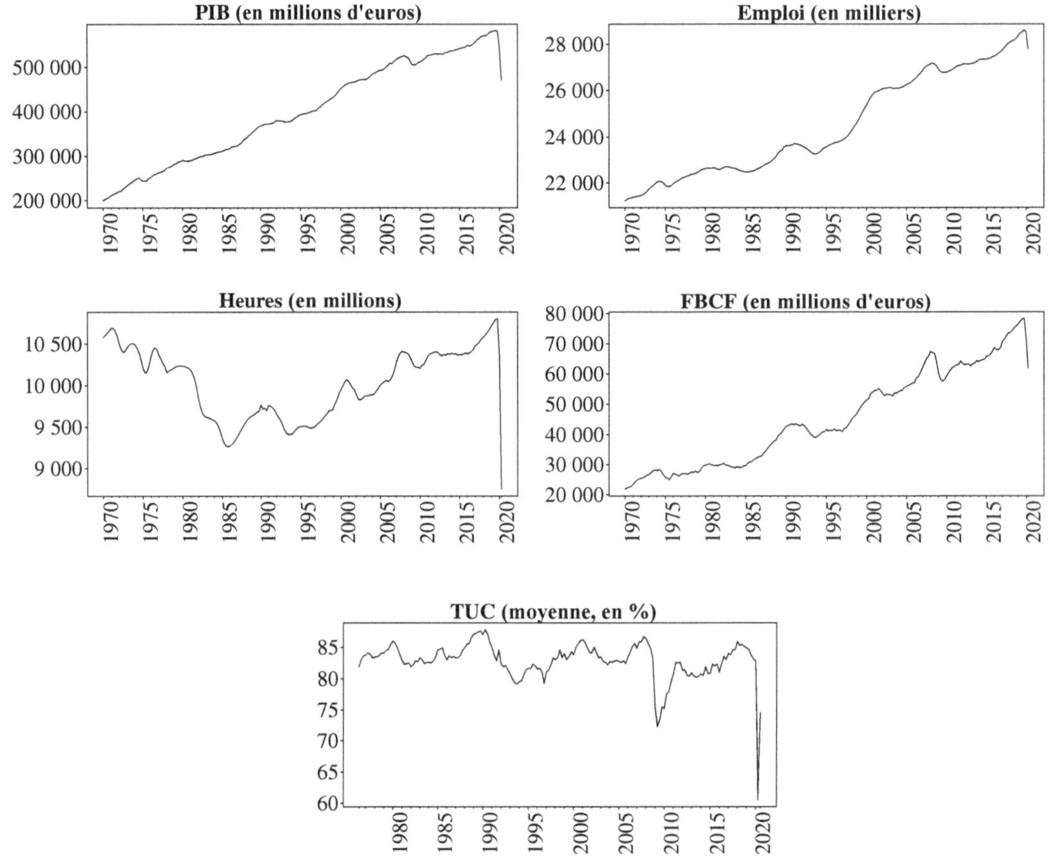

manufacturière, CVS). Cette dernière série provient de l'enquête trimestrielle de conjoncture dans l'industrie et ne commence qu'au T2 1976[2]. À partir de ces variables, la productivité du travail est calculée comme le ratio du PIB sur le volume horaire de travail de l'ensemble des emplois. Ces variables sont présentées sur la figure 6.1. Notons que d'autres variables ont été testées, telles que les marges des entreprises ou les salaires, mais n'ont pas été retenues car les résultats n'étaient pas représentatifs du cycle des affaires.

D'autres variables mensuelles sont également utilisées dans ce travail, à titre de référence. Nous disposons ainsi des deux séries mensuelles de production manufacturière et de production industrielle hors construction, qui ont été rétropolées jusqu'en 1970 par l'OCDE (voir figure 6.2). D'autres

2. Dans un souci de précision, notons que, même si la série du TUC n'est disponible qu'à compter du deuxième trimestre de l'année 1976, l'enquête mensuelle de conjoncture dans l'industrie a été réalisée pour la première fois par l'Insee en 1962. Par ailleurs, en tant qu'enquête d'opinion, le choix du TUC peut paraître non standard au vu de la littérature sur la datation des cycles, mais nous montrons *ex post* que l'intensité d'utilisation de l'appareil productif est bien reliée au cycle économique français. De façon générale, les variables que nous avons sélectionnées sont représentatives de différents secteurs de l'activité économique et correspondent au même type de données que celles retenues par le NBER et le CEPR.

séries mensuelles, telles que les ventes au détail ou les dépenses de consommation des ménages ont été testées, mais ne permettent pas d'identifier avec précision les périodes de récessions sur l'ensemble de l'historique.

Remarque 6.1 *Si la plupart de nos séries sont trimestrielles, certaines d'entre elles étant à fréquence mensuelle, nous aurions pu recourir à diverses méthodologies permettant de traiter du cas de fréquences mixtes. Une première possibilité aurait été d'homogénéiser les fréquences (i) en trimestrialisant les séries mensuelles via l'utilisation de diverses techniques d'agrégation ou (ii) en mensualisant les séries trimestrielles par le recours à des méthodes d'interpolation ou l'estimation de séries de PIB mensuelles. Le calcul d'indicateurs mensuels permet de suivre des tendances à court terme du PIB ou de son taux de croissance et de les exploiter en temps réel. Tel n'est toutefois pas l'objectif du comité puisque celui-ci vise à proposer une datation historique et non pas à s'inscrire dans une logique de prévision ou de nowcasting. Une autre possibilité aurait été d'estimer un modèle MIDAS (mixed-data sampling) sur la série de PIB trimestriel en utilisant des indicateurs disponibles à plus haute fréquence, notamment mensuelle. À nouveau et malgré tout son intérêt, une telle approche est surtout utilisée pour effectuer des prévisions à court terme du PIB, ce qui n'est pas l'objet du travail du CDCEF. Enfin, en lien avec les débats relatifs au choix de la mesure de productivité à retenir face au développement des activités en ligne, le recours aux modèles à facteurs sur des données haute fréquence constitue une troisième option attractive. Là encore, si une telle approche présente un intérêt indéniable, il nous semble qu'elle s'inscrit plus dans une logique de court terme par rapport à l'objectif de datation ex post du présent travail.*

La France est riche d'informations conjoncturelles en provenance des enquêtes de conjoncture menées par l'Insee et il est tentant d'évaluer le contenu en information que celles-ci apportent. Nous menons ainsi à titre de comparaison une identification des points de retournement des différentes enquêtes : enquête dans l'industrie, les services, le commerce de détail, la construction et l'indicateur du climat des affaires qui est un indicateur composite des différentes enquêtes sectorielles (voir figure 6.3).

Remarque 6.2 *En retenant diverses variables, notre objet n'est pas de discuter du caractère avancé ou retardé des indicateurs du cycle économique, et donc des interactions entre les différentes mesures du cycle, mais de mettre l'accent sur la diffusion d'une récession au sein des différentes composantes de l'économie. Cela explique pourquoi nous n'avons pas retenu certaines variables comme (i) les heures de travail hebdomadaires moyennes dans le secteur manufacturier, les commandes de biens à l'usine, les permis de logement ou encore les prix des actions (indices boursiers) traditionnellement considérés comme des indicateurs avancés du cycle, ni (ii) la durée moyenne du chômage, le coût de la main-d'œuvre par unité de production manufacturière, le taux préférentiel moyen, l'indice des prix à la consommation ou encore les prêts commerciaux généralement perçus comme des indicateurs retardés du cycle. La prise en compte de ces indicateurs pour étudier si certaines variables peuvent anticiper les retournements d'autres constitue une piste d'extension très intéressante, mais qui sort de l'objectif du présent travail fondé sur une analyse ex post.*

FIGURE 6.2 – Variables macroéconomiques mensuelles utilisées depuis 1970 (base 100 en 2015)

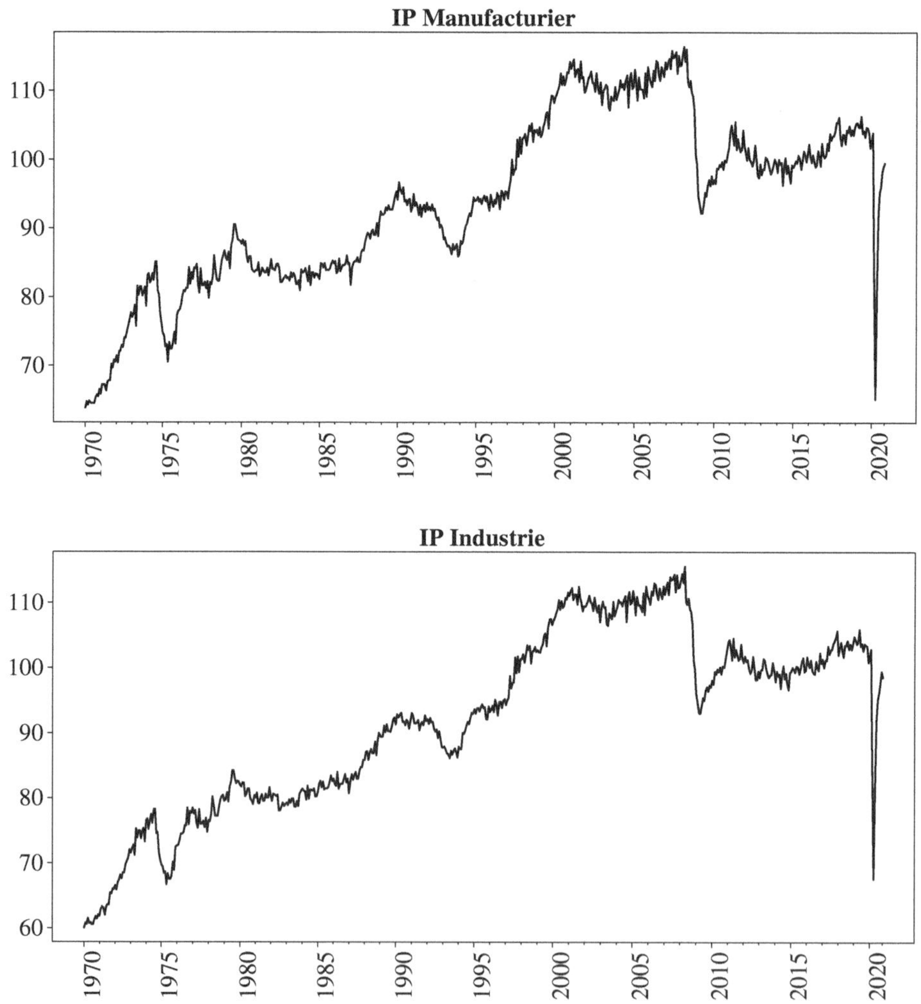

FIGURE 6.3 – Enquêtes de conjoncture publiées par l'Insee (climat des affaires (moyenne à 100) dans différents secteurs)

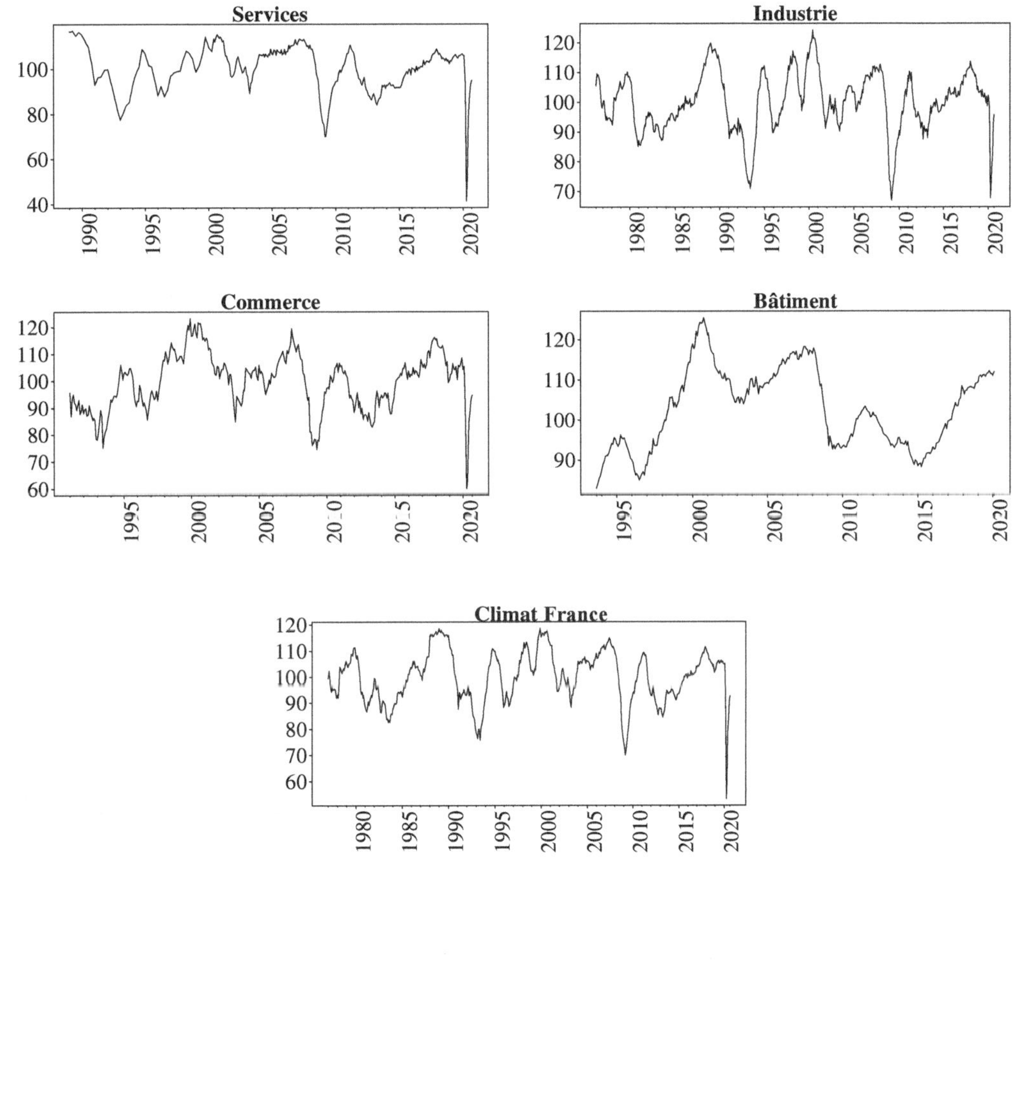

TABLEAU 6.1 – **Datation du cycle des affaires du PIB à partir d'une approche non paramétrique**

	PIB	*Durée*	*Amplitude*	*Sévérité*
Pic	T3 1974			
Creux	T3 1975	4	-2,7	5,4
Pic	T1 1980			
Creux	T4 1980	3	-0,7	1,0
Pic	T1 1992			
Creux	T1 1993	4	-0,9	1,8
Pic	T1 2008			
Creux	T2 2009	5	-3,9	9,7
Pic	T1 2012			
Creux	T1 2013	4	-0,1	0,2
Pic	T3 2019			

Note : Durée de la phase baissière en trimestres, Amplitude en %, Sévérité = | 0,5 × Durée × Amplitude |.

6.2 Résultats des approches non paramétriques

Dans un premier temps, nous évaluons les phases de récession à partir de la série du PIB en mesurant les durées et les amplitudes des cycles, les deux premiers critères de l'approche DAD. L'identification des points de retournement est menée *via* l'approche Bry-Boschan standard qui impose une durée minimale de deux trimestres pour une phase du cycle et une durée minimale de cinq trimestres pour un cycle (de pic à pic et de creux à creux). Les estimations sont réalisées *via* le package *BCDating* développé en R et les résultats ont été également comparés avec ceux issus de la procédure *@BryBoschan* développée avec WinRats 10.0.

L'algorithme identifie cinq phases de récession depuis 1970, d'une durée moyenne de 4 trimestres (voir tableau 6.1). En termes de sévérité, on retrouve que la Grande Récession a été la plus forte des récessions datées, plus de deux fois supérieure à celle liée au premier choc pétrolier de 1974-1975. Les deux périodes 1980 et 1992-1993 qui ont été aussi identifiées sont très similaires en termes de sévérité. Le signal pour l'année 2012 est moins clair que pour les autres récessions. Si on réduit la durée minimale à un trimestre, l'algorithme indique un pic au T1 2012 et un creux le trimestre suivant. Toutefois, le schéma d'évolution de l'année 2012 est le suivant : une baisse d'activité au T2, suivi d'un rebond au T3 mais le niveau reste inférieur à celui du pic du T1, puis à nouveau deux trimestres de baisse jusqu'au T1 2013. Ainsi, l'algorithme détecte clairement le pic du T1 2012, mais rencontre un problème pour identifier le creux car le niveau du T2 2012 est plus bas que celui du T1 2013. Il renvoie donc le T2 2012 comme creux. Une proposition est d'identifier un pic au T1 2012 et un creux au T1 2013, ce qui implique une durée de 4 trimestres, avec toutefois une très faible sévérité. Ce type de récession en forme de double creux complexifie l'identification de l'entrée et de la sortie de récession.

Si l'on utilise cette datation pour tracer les évolutions du niveau du PIB sur les trois ans et demi qui ont suivi les pics de ces phases d'expansion (figure 6.4), on retrouve que la Grande Récession a

FIGURE 6.4 – Évolution du niveau du PIB après chaque pic des phases d'expansion identifiées dans le tableau 6.1 (base 100)

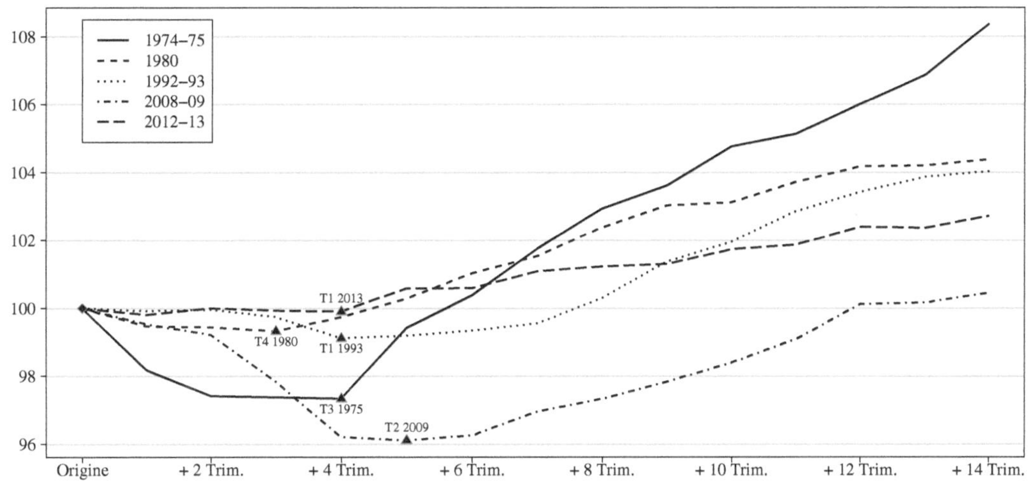

Note : Le triangle indique le creux identifié pour chacune des phases figurant dans le tableau 6.1.

été de loin la plus sévère. Le niveau du PIB d'avant récession n'a été retrouvé qu'au bout de 3 ans, contre 6 mois à 2 ans pour les récessions précédentes. On observe également que le premier choc pétrolier a été sévère, mais a été suivi d'une reprise extrêmement rapide.

Nous évaluons ensuite la diffusion des phases en appliquant le même algorithme aux quatre séries suivantes : emploi, heures travaillées, investissement des entreprises et taux d'utilisation des capacités de production. On observe que chaque récession identifiée à partir du PIB se retrouve sur toutes ces composantes, ce qui souligne la diffusion des phases de récession. En particulier, la récession de 2012-2013, qui semble très faible en termes de sévérité, est bien diffusée au sein des différentes composantes. *A contrario*, on identifie une phase baissière sur ces quatre variables au début des années 2000, mais celle-ci n'est pas visible sur le PIB.

Nous considérons également les deux séries mensuelles de production manufacturière et de production industrielle hors construction, qui ont été rétropolées jusqu'en 1970 par l'OCDE. Les résultats obtenus par l'algorithme de détection de Bry-Boschan sont extrêmement similaires, la différence principale étant que la série de production industrielle fournit une phase de récession additionnelle entre 1976 et 1977. Les points de retournement obtenus sur la série de production manufacturière sont présentés dans la dernière colonne du tableau 6.2. On identifie ainsi 9 périodes de récession dans le secteur industriel entre 1970 et 2019, soit 4 de plus que sur l'ensemble de l'économie. Cela s'explique par le fait que le secteur industriel est plus volatil car plus sensible aux inflexions de l'économie mondiale. Une récession industrielle ne se propage pas nécessairement à l'ensemble de l'économie, comme le montre l'exemple du début des années 2000. Mais lorsque les récessions industrielles et globales coïncident, les points de retournement sont en général relativement bien alignés, même si la production industrielle tend à chuter avant l'économie dans son ensemble – on parle alors parfois de « cycle industriel ».

Nous menons également une identification des points de retournement des différentes enquêtes de l'Insee : enquête dans l'industrie, les services, le commerce de détail, la construction et l'indicateur du climat des affaires France qui est un indicateur composite des différentes enquêtes sectorielles. Les variables présentent plusieurs mini-cycles et pour éviter d'identifier de trop nombreux faux signaux, nous augmentons la durée minimale d'une phase du cycle à 9 mois. Les résultats sont reportés dans le tableau 6.3. On observe que les enquêtes présentent de nombreux points de retournement qui identifient des phases d'activité économique que l'on pourrait qualifier de ralentissement, sans nécessairement qu'elles correspondent à des phases de récession. Il est intéressant toutefois d'observer que toutes les enquêtes marquent les phases de récession identifiées sur les variables trimestrielles précédentes. Elles sont donc utiles dans une optique de datation mensuelle des cycles. De plus, elles sont en général avancées par rapport aux phases de récession, en particulier en ce qui concerne les pics des cycles. Ceci confirme l'intérêt de ce type de données pour suivre les phases du cycle.

6.3 Résultats des approches paramétriques

Dans cette section, nous travaillons sur des séries stationnaires en cherchant à déterminer les pics et les creux du cycle des affaires à partir des taux de croissance de cinq séries trimestrielles. Les taux de croissance trimestriels du PIB réel, de l'emploi total, de la productivité du travail, de l'investissement et du taux d'utilisation des capacités de production sont ainsi calculés à partir des séries présentées dans la figure 6.1. Les données utilisées s'arrêtent au T4 2019.

6.3.1 Modèles à seuil

Les moindres carrés non linéaires permettent d'estimer le modèle $BBF(p, m, \ell)$. Le nombre de retards p est sélectionné comme étant le premier qui supprime toute autocorrélation dans les résidus. Les paramètres (ℓ, m) et κ sont obtenus par balayage dans les grilles suivantes : $\ell \in \{0, 1, 2\}, m \in \{1, \ldots, 6\}, \kappa \in \{\kappa_L, \kappa_U\}$ où κ_L correspond au quantile à 5 % de la variable de transition dx_{t-j} et $\kappa_U = 0$ de manière à ce que le régime bas corresponde effectivement à un régime de croissance négative. Les valeurs estimées de ces paramètres sont reportées dans le tableau 6.4, qui contient aussi les valeurs de la statistique de test du *SupLR* et de sa probabilité associée (colonne *p*-value), calculées pour 2 000 tirages aléatoires sous l'hypothèse nulle de linéarité. Comme l'indique la dernière colonne du tableau 6.4, l'hypothèse de linéarité est fortement rejetée pour l'ensemble des séries étudiées. On poursuit donc l'analyse de l'effet rebond en testant les diverses formes possibles. Pour cela, il suffit de calculer les statistiques du ratio de vraisemblance correspondant aux hypothèses nulles sur les paramètres λ_i de l'équation (4.12). Leurs valeurs sont présentées dans le tableau 6.5.

Pour toutes ces variables, l'hypothèse nulle correspondant au modèle TAR standard sans effet rebond est fortement rejetée. Pour les taux de croissance trimestriels de l'emploi total et du taux

TABLEAU 6.2 – **Évaluation de la diffusion des récessions**

	PIB	*Emploi*	*Heures*	*FBCF*	*TUC*	*IP Manuf*
Pic			T1 1971			
Creux			T3 1972			
Pic	T3 1974	T2 1974	T4 1973	T2 1974		M8 1974
Creux	T3 1975	T4 1975	T2 1975	T3 1975		M5 1975
Pic			T3 1976	T1 1976		
Creux			T1 1978	T4 1976		
Pic	T1 1980	T1 1980	T4 1979	T3 1980	T1 1980	M8 1979
Creux	T4 1980	T3 1980		T3 1981	T1 1982	M10 1980
Pic		T4 1982		T2 1982		M12 1981
Creux		T1 1985	T4 1985	T2 1984		M10 1983
Pic	T1 1992	T1 1991	T1 1990	T1 1991	T2 1990	M2 1990
Creux	T1 1993	T3 1993	T3 1993	T4 1993	T4 1993	M11 1993
Pic			T3 1995	T1 1996	T3 1995	
Creux			T2 1996	T1 1997	T4 1996	
Pic		T4 2002	T4 2000	T3 2001	T1 2001	M3 2001
Creux						M11 2001
Pic						M8 2002
Creux		T3 2003	T3 2002	T2 2003	T4 2003	M5 2003
Pic					T4 2004	
Creux					T4 2005	
Pic	T1 2008	T2 2008	T4 2007	T1 2008	T4 2007	M4 2008
Creux	T2 2009	T4 2009	T1 2010	T3 2009	T2 2009	M3 2009
Pic	T1 2012	T2 2012	T1 2012	T4 2011	T4 2011	M5 2011
Creux	T1 2013	T4 2012	T4 2012	T1 2013	T3 2013	M10 2012
Pic			T1 2014	T1 2016		M11 2013
Creux			T4 2014	T3 2016		M5 2014
Pic	T3 2019	T3 2019	T4 2019	T4 2019	T1 2018	M5 2019

Note : Le TUC commence en 1976. Toutes les séries sont à fréquence trimestrielle, sauf la production manufacturière (*IP Manuf*) qui est à fréquence mensuelle.

TABLEAU 6.3 – **Évaluation de la diffusion des récessions par données d'enquêtes**

	IP Manuf	*Services*	*Industrie*	*Détail*	*Climat*	*Construction*
Pic	M8 1974					
Creux	M5 1975					
Pic						
Creux			M2 1978		M12 1977	
Pic	M8 1979		M10 1979		M12 1979	
Creux	M10 1980		M12 1980		M3 1981	
Pic	M12 1981		M2 1982		M1 1982	
Creux	M10 1983		M7 1983		M9 1983	
Pic					M3 1986	
Creux					M3 1987	
Pic			M1 1989		M1 1989	
Creux		M1 1991	M2 1991		M2 1991	
Pic	M2 1990	M1 1992	M2 1992		M3 1992	
Creux	M11 1993	M1 1993	M6 1993	M6 1993	M6 1993	
Pic		M10 1994	M1 1995	M10 1994	M10 1994	M4 1995
Creux		M7 1996	M12 1995	M10 1996	M12 1995	M7 1996
Pic			M3 1998	M7 1998	M6 1998	
Creux			M3 1999		M3 1999	
Pic	M3 2001	M9 2000	M6 2000		M12 1999	M10 2000
Creux	M11 2001					
Pic	M8 2002					
Creux	M5 2003	M4 2003	M6 2003	M4 2003	M4 2003	M6 2003
Pic			M6 2004			
Creux			M4 2005			
Pic	M4 2008	M3 2007	M12 2007	M6 2007	M6 2007	M7 2007
Creux	M3 2009	M3 2009	M3 2009	M4 2009	M3 2009	M5 2009
Pic	M5 2011	M3 2011	M3 2011	M12 2010	M3 2011	M7 2011
Creux	M10 2012	M4 2013	M10 2012	M5 2013	M4 2013	
Pic	M11 2013		M9 2015			
Creux	M5 2014		M6 2016			M4 2015
Pic		M12 2017		M12 2017	M12 2017	
Creux		M12 2018		M12 2018	M12 2018	
Pic	M5 2019	M12 2019	M1 2018	M12 2019	M9 2019	

Note : Enquête Services commence en 1989, Enquête Industrie en 1976, Enquête Ventes au détail en 1991, Enquête Climat des Affaires en 1977, Enquête Construction en 1993, Durée minimum d'une phase = 9 mois.

d'utilisation des capacités de production, le modèle BBD – dans lequel la reprise dépend de la sévérité de la récession – n'est pas rejeté. Ceci indique que pour ces séries, la reprise est d'autant plus vigoureuse que la chute a été profonde. La dynamique du taux de croissance de la productivité du travail peut être représentée par le modèle BBU, retraçant une reprise dite « en U ». Enfin, pour les taux de croissance du PIB et de l'investissement réel, seul le paramètre correspondant

TABLEAU 6.4 – **Tests de linéarité**

	p	$\hat{m}$	$\hat{\ell}$	$\hat{\kappa}$	SupLR	p-value
PIB	2	1	2	-0,037	24,37	0,00
Emploi	4	3	0	-0,048	17,68	0,02
Productivité	2	1	2	-0,116	25,06	0,00
FBCF	2	4	1	-1,034	27,91	0,00
TUC	2	1	1	-1,048	23,65	0,01

TABLEAU 6.5 – **Tests du ratio de vraisemblance : spécification de l'effet rebond**

	H_1 : BBF	H_0^N : pas BB	H_0^U : BBU
PIB	(-110,40)	**24,34**	**13,18**
Emploi	(214,32)	**15,06**	**11,50**
Productivité	(-117,62)	**25,02**	6,30
FBCF	(-321,50)	**30,08**	**26,88**
TUC	(-252,11)	**22,88**	**22,64**
	H_0^V : BBV	H_0^D : BBD	H_0^C : BBF$_c$
PIB	**22,00**	**21,02**	3,66$^{(a)}$
Emploi	**14,70**	0,62	—
Productivité	**15,62**	**24,08**	—
FBCF	**30,08**	**26,04**	0,64$^{(a)}$
TUC	**21,76**	5,5	—

Note : les nombres entre parenthèses sont les log-vraisemblances. Les nombres en gras indiquent le rejet à 5 % de l'hypothèse nulle. BBF$_c$ et l'exposant (a) correspondent aux contraintes $\lambda_2 = \lambda_3 = 0$.

au premier terme de la fonction de rebond est significativement différent de zéro et les modèles BBU, BBV (reprise « en V ») et BBD sont tous rejetés au seuil de 1 %. Ce modèle dans lequel $\lambda_2 = \lambda_3 = 0$ est noté BBF$_c$.

TABLEAU 6.6 – **Estimation des paramètres du modèle à seuil**

	PIB	*Emploi*	*Productivité*	*FBCF*	*TUC*
	$BBF_c(2,1,2)$	BBD(4, 3, 0)	BBU(2, 1, 2)	$BBF_c(2,4,1)$	BBD(2, 1, 1)
γ_0	0,13	0,02	0,09	0,29	-0,01
	(0,06)	(0,01)	(0,06)	(0,13)	(0,10)
γ_1	-0,06	-0,06	0,06	-0,94	-0,33
	(0,12)	(0,02)	(0,10)	(0,37)	(0,31)
λ_1	1,14	*0,00*	*0,46*	1,60	*0,00*
	(0,25)		(0,10)	(0,29)	
λ_2	*0,00*	*0,00*	*0,46*	*0,00*	*0,00*
			(0,10)		
λ_3	*0,00*	-0,17	*0,00*	*0,00*	-0,62
		(0,04)			(0,15)
ϕ_1	0,39	1,18	0,30	0,40	0,19
	(0,07)	(0,07)	(0,08)	(0,08)	(0,09)
ϕ_2	0,34	-0,53	0,42	0,16	0,36
	(0,07)	(0,11)	(0,07)	(0,07)	()0,11)
ϕ_3		0,46			
		(0,11)			
ϕ_4		-0,26			
		(0,07)			
σ	0,43	0,06	0,45	1,22	1,17
n_0	181	169	177	172	142
n_1	19	31	23	28	21
$\overline{R}^2$	0,43	0,84	0,39	0,35	0,14
Q(4) p-val	0,26	0,30	0,97	0,55	0,87
ARCH(4) p-val	0,33	0,01	0,64	0,01	0,96

Note : BBF_c correspond au modèle BBF contraint par $\lambda_2 = \lambda_3 = 0$. Les nombres entre parenthèses sont les écarts-types. Les nombres en italique sont des valeurs contraintes. n_i est le nombre d'observations dans le régime i.

Les coefficients estimés des modèles retenus sont donnés dans le tableau 6.6. Pour les régressions de l'emploi total et de la FBCF, où l'hypothèse d'absence d'effet ARCH jusqu'à l'ordre 4 est rejetée au seuil de 1 %, les écarts-types ont été corrigés suivant la méthode de Newey et West (1987), calculée avec le noyau de Bartlett. Les valeurs estimées des paramètres de la fonction de rebond ayant les signes attendus le cas échéant $\lambda_1 > 0$, $\lambda_2 > 0, \lambda_3 < 0$, il existe bien un effet rebond qui correspond à une valeur de μ_t plus élevée que sa valeur moyenne de récession puis d'expansion. S'agissant de la datation des cycles à l'aide de ces modèles non linéaires à seuil, nous avons adopté la règle suivante :

— Au sein des trimestres classés dans le régime de récession par le modèle, nous retenons les récessions d'une durée minimale de 2 trimestres.
— De plus, sont groupés dans la même récession les trimestres qui, bien que non consécutifs, ont moins de 4 trimestres d'écart.

Les dates des pics et des creux du cycle des affaires ainsi obtenues sont présentées dans le tableau 6.7. De manière intéressante, les résultats relatifs à la série du PIB correspondent au trimestre près à ceux issus de l'approche non paramétrique reportés dans le tableau 6.2 (hormis le creux de 2013). S'agissant de la diffusion aux autres variables, les épisodes de 1974-1975 et la Grande Récession sont diffusés à l'ensemble des variables, reflétant ainsi l'intensité de ces deux récessions. La période 1992-1993 est aussi largement diffusée au sein des variables, seule la productivité ne semble pas être affectée. Les autres phases semblent être moins diffusées. On observe également que la période 2002-2003 est visible sur la plupart des variables sans que le PIB ne semble touché.

6.3.2 Modèles à changements de régimes markoviens

S'agissant de la spécification des modèles, nous choisissons le plus petit nombre de retards autorégressifs qui permet d'éliminer les premières autocorrélations des résidus du modèle. De plus, pour la série du taux de croissance du PIB nous incluons une variable *dummy* qui vaut 1 à partir du T3 1979 et 0 avant, de manière similaire à Damette et Rabah (2010), afin de tenir compte d'un changement de tendance dans le niveau du PIB. Pour la série du taux de croissance de la productivité du travail, l'introduction d'une tendance déterministe a été nécessaire pour blanchir les résidus du modèle MS. Le tableau 6.8 présente les résultats obtenus à partir de probabilités lissées (i.e. utilisant l'information disponible sur l'ensemble de la période étudiée) d'être en récession en utilisant un seuil de 0,50. Les coefficients estimés des modèles retenus sont donnés dans le tableau 6.9. Les probabilités de transition entre régimes sont reportées dans le tableau 6.10.

TABLEAU 6.7 – **Datations du cycle des affaires à l'aide du modèle non linéaire à seuil**

	PIB	*Emploi*	*Productivité*	*FBCF*	*TUC*
Pic	T3 1974	T2 1974	T3 1974	T2 1974	
Creux	T3 1975	T2 1975	T3 1975	T3 1975	
Pic				T2 1976	
Creux				T4 1976	
Pic	T1 1980	T1 1981			T3 1980
Creux	T4 1980	T3 1981			T1 1981
Pic		T4 1982		T2 1982	
Creux		T1 1985		T2 1983	
Pic			T3 1986		
Creux			T1 1987		
Pic	T1 1992	T2 1991		T2 1992	T3 1990
Creux	T1 1993	T3 1993		T2 1993	T3 1991
Pic				T1 1996	
Creux				T1 1997	
Pic					T3 1998
Creux					T2 1999
Pic		T1 2003	T3 2002	T3 2001	
Creux		T3 2003	T2 2003	T2 2002	
Pic			T2 2006		
Creux			T1 2007		
Pic	T1 2008	T2 2008	T1 2008	T3 2008	T3 2008
Creux	T2 2009	T3 2009	T2 2009	T3 2009	T2 2009
Pic	T1 2012		T1 2012		T4 2011
Creux	T4 2012		T3 2013		T3 2012
Pic	T3 2019		T2 2019		T2 2019

Note : Le TUC commence en 1976. Les données utilisées pour l'estimation s'arrêtent au T4 2019.

TABLEAU 6.8 – **Datations du cycle des affaires à l'aide du modèle à changements de régimes markoviens**

	PIB	*Emploi*	*Productivité*	*FBCF*	*TUC*
Pic	T3 1974	T1 1974	T3 1974	T1 1974	
Creux	T4 1975	T1 1976	T3 1975	T4 1976	
Pic			T1 1980		
Creux			T3 1980		
Pic		T1 1981			
Creux		T4 1982			
Pic		T2 1988			T3 1991
Creux		T4 1992			T1 1992
Pic		T3 1997			T3 1996
Creux		T1 1999			T1 1997
Pic			T2 2006		
Creux			T4 2006		
Pic	T1 2008	T4 2006		T1 2008	T3 2008
Creux	T1 2009	T3 2009		T2 2009	T2 2010

Note : Le TUC commence en 1976. Les données utilisées pour l'estimation s'arrêtent au T4 2019.

TABLEAU 6.9 – **Estimation des paramètres du modèle à changements de régimes markoviens**

	PIB	*Emploi*	*Productivité*	*FBCF*	*TUC*	*PIB*	*Emploi*	*Productivité*	*FBCF*	*TUC*
	Récession (régime 1)					Expansion (régime 2)				
μ	0,05	0,03	0,42	-0,56	-0,71	0,50	0,02	0,74	0,48	0,02
	(0,51)	(0,01)	(0,01)	(0,63)	(1,19)	(0,11)	(0,03)	(0,13)	(0,12)	(0,07)
D79T3	-0,66					-0,27				
	(0,75)					(0,09)				
t			-0,01					-0,00		
			(0,00)					(0,00)		
ϕ_1	0,20	1,32	-0,56	0,47	0,40	0,28	1,21	0,21	0,44	0,10
	(0,39)	(0,09)	(0,00)	(0,21)	(0,31)	(0,07)	(0,15)	(0,07)	(0,07)	(0,09)
ϕ_2	-0,15	-0,59	0,33		-0,31	0,26	-0,54	0,22		0,23
	(0,46)	(0,14)	(0,00)		(0,38)	(0,07)	(0,23)	(0,07)		(0,08)
ϕ_3		0,24					0,48			
		(0,13)					(0,25)			
ϕ_4		-0,12					-0,35			
		(0,08)					(0,18)			
σ	1,03	0,05	0,01	2,32	3,04	0,34	0,14	0,40	1,08	0,80

Note : Les nombres entre parenthèses sont les écarts-types.

FIGURE 6.5 – Probabilités lissées d'être dans un régime de récession issues des estimations des modèles à changements de régimes markoviens pour chacune des 5 variables considérées

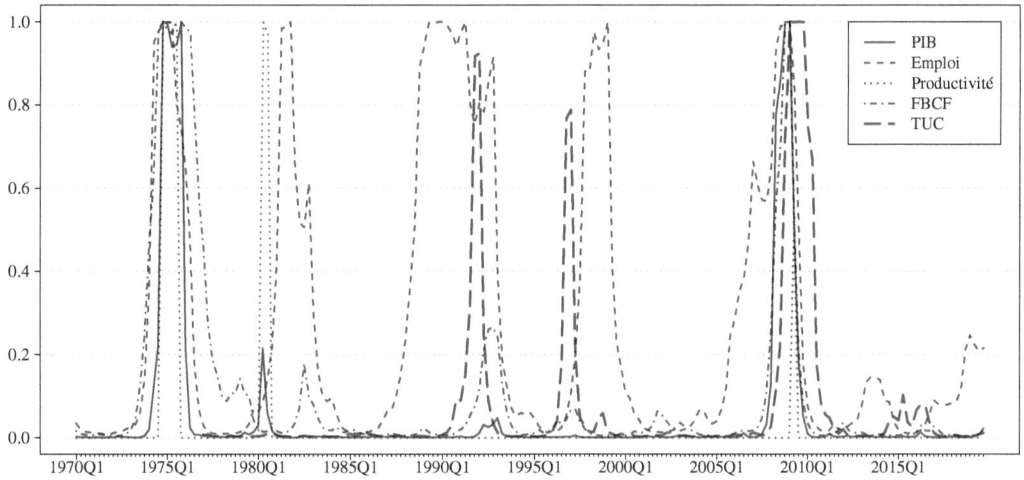

Dans l'ensemble, il apparaît que ces modèles identifient beaucoup moins de cycles que l'approche non paramétrique et que les modèles à seuil estimés précédemment. Seules les récessions liées au premier choc pétrolier et à la crise des *subprimes* sont détectées pour plus de la moitié des variables. La récession de 1974-1975 ressort en effet pour toutes les variables disponibles, puisque la série TUC n'est observée qu'à partir de 1976. La Grande Récession qui a suivi la crise des *subprimes* est identifiée pour les cinq séries, mais elle n'apparaît pas dans le tableau 6.8 pour la productivité du travail car elle ne dure qu'un trimestre d'après l'estimation du modèle MS (voir figure 6.5). Il semble ainsi que, sur les données françaises trimestrielles depuis 1970, les modèles à changements de régimes markoviens n'identifient que les récessions les plus sévères.

TABLEAU 6.10 – **Probabilités de transition des modèles MS estimés**

	PIB	*Emploi*	*Productivité*	*FBCF*	*TUC*
p_{11}	0,75	0,86	0,61	0,83	0,72
p_{12}	0,25	0,14	0,39	0,17	0,28
p_{21}	0,01	0,05	0,01	0,02	0,02
p_{22}	0,99	0,95	0,99	0,98	0,98

Note : Le régime 1 (resp. 2) correspond au régime de récession (resp. expansion).

Ces modèles peuvent théoriquement être facilement étendus à plusieurs régimes et/ou à plusieurs variables dans le cadre d'un MS-VAR (Krolzig, 2001 ; Sims et Zha, 2006) ou d'un MS-DFM (Diebold et Rudebusch, 1996; Kim, 1994). Toutefois, nos travaux préliminaires ont mis en évidence des problèmes de convergence de l'algorithme d'estimation (voir Kim, 1994) lorsque l'on travaille avec un modèle multivarié à changements de régimes markoviens sur ces données françaises trimestrielles.

Des travaux complémentaires pourront être ultérieurement menés afin de résoudre ces problèmes. Il pourra être notamment intéressant de tester cet algorithme en utilisant des données à fréquence mensuelle ou d'utiliser une méthode d'estimation en deux étapes (Doz et Petronevich, 2015).

6.4 Une brève synthèse

Les estimations économétriques menées au sein de ce chapitre sur la période T1 1970 - T2 2020 mettent globalement en évidence six périodes qui pourraient être identifiées comme des récessions. Parmi celles-ci, quatre épisodes ressortent plus particulièrement : le premier choc pétrolier de 1974-1975, l'année 1980, la crise de 1992-1993 et la Grande Récession de 2008-2009. Deux autres périodes méritent également d'être considérées. Tout d'abord, la période 2012-2013, associée à la crise de la dette souveraine en zone euro, semble être bien diffusée à l'ensemble des variables, mais elle présente une très faible sévérité comparée aux autres récessions. Ensuite, la période 2002-2003, qui fait la suite à l'éclatement de la bulle Internet aux États-Unis, est également diffusée au sein de certaines variables, mais n'est pas visible pour le PIB.

Chapitre 7

La datation des cycles par le CDCEF : l'approche narrative

Claude DIEBOLT, Denis FERRAND et Éric HEYER

Dans ce chapitre, nous mettons en œuvre le second pilier de notre stratégie qui repose sur une approche narrative à partir d'un dire d'experts. Cette approche nous permet de valider, au regard de la situation économique prévalant lors des épisodes considérés, les périodes identifiées comme des récessions par l'analyse économétrique précédente (voir chapitre 6), sans nécessairement chercher à modifier les dates des pics et des creux. Nous passons ainsi en revue les différentes périodes possibles de récession, afin de déterminer notre chronologie de référence. *In fine*, si quatre épisodes (1974-1975, 1980, 1992-1993 et 2008-2009) sont clairement identifiés comme des récessions, nous estimons que les périodes 2002-2003 et 2012-2013 s'apparentent plus à des phases de ralentissement économique. Par ailleurs, nous actons le fait que la récession liée à la pandémie de Covid-19 a commencé au premier trimestre 2020.

7.1 Périodes de récession identifiées

7.1.1 Chocs pétroliers de 1974-1975 et 1980 : des racines du mal au carré magique perdu

Notre détection de creux conjoncturels en 1974-1975 et en 1980 conserve un caractère relativement classique au regard des travaux de datation présentés dans le chapitre 5. Si nous sommes nuancés dans notre analyse, ce n'est pas par prudence mais par conviction. Une série de facteurs ont ainsi convergé et provoqué un enchaînement d'effets cumulatifs à la baisse.

La crise économique de 1973, régulièrement qualifiée de crise pétrolière, a eu des conséquences significatives pour l'économie française. Les années 1974-1975 sont marquées par une rupture décisive avec l'essor des décennies dorées des années 1950 et 1960 connues pour une croissance rapide, une stabilité des prix, un niveau d'emploi élevé et, plus généralement, une confiance en l'avenir.

Le choc de 1974, d'abord interprété comme un phénomène passager, si ce n'est un « mauvais moment à passer », a conduit à la plus profonde récession depuis les années 1930 observée jusqu'alors. La cause généralement évoquée est celle de l'instabilité monétaire née de la mort du système de *Bretton Woods*, c'est-à-dire du système monétaire mis en place à la fin de la Seconde Guerre mondiale basé sur un régime général de taux de change fixes gérés sous la juridiction du Fonds Monétaire International (FMI). La dévaluation du dollar américain et la réévaluation du mark allemand en 1973 ont conduit la France à adopter un régime de change flottant.

Ce n'était pourtant qu'un déclencheur, de nombreux autres facteurs étant en effet en jeu, tel le déclin relatif des investissements observé dès le début des années 1970. Notons également une forte poussée salariale, dans la continuité des grèves de 1968 et des accords de Grenelle. Le début des années 1970 est en outre marqué par la forte augmentation du prix des matières premières : des céréales tout d'abord (le blé, tout particulièrement, en 1972), mais surtout de certains produits de base (cuivre, bois, phosphates...), et enfin le quadruplement du prix du pétrole entre octobre 1973 et début 1974. Ces hausses de prix ont entrainé une inflation accélérée, des mesures de stabilisation et de défense de la monnaie nationale et, à l'évidence, un effondrement de l'activité d'investissement et, peu après, de la production (industrielle) elle-même. De surcroît, l'inflation a réduit le pouvoir d'achat des ménages tout en favorisant l'augmentation de leur épargne, essentiellement par crainte du chômage. Quant aux entreprises, elles sont victimes d'une baisse notable d'activité (moins de marges bénéficiaires et des dettes à honorer), corrélée à une capacité d'investissement limitée.

C'est ainsi que la France a subi une baisse d'activité particulièrement significative au dernier trimestre de l'année 1974 et au premier trimestre de l'année 1975. Pour combattre la stagflation, des interventions de natures budgétaire et monétaire, des politiques de *stop* (stabilisation) *and go* (relance) avaient pour ambition, tout d'abord, de privilégier la lutte contre l'inflation avec un plan de refroidissement, le plan Fourcade de 1974, avant de corriger l'effet d'aggravation du chômage avec la relance Chirac de 1975 dont l'ampleur s'élève à 2,3 points de PIB. Mais, très vite, le cercle vertueux se transforme en cercle vicieux. Ainsi, en septembre 1976 et alors que la France est contrainte de sortir du serpent monétaire (elle le réintègrera en décembre 1978), le plan Barre reprendra prioritairement la lutte contre l'inflation, estimant que lutter contre la hausse des prix c'est aussi combattre le chômage.

La politique économique vise le retour au marché comme gage de compétitivité. Le gouvernement français s'engage alors dans une politique de baisse de la pression fiscale en harmonie avec l'option libérale comme guide de son action. Moins intense que la récession de 1974-1975, celle amorcée en 1980, n'en sera toutefois pas moins significative. À sa manière, le second choc pétrolier de 1979 a des effets analogues à celui de 1973. Tant la demande intérieure que la demande extérieure sont au ralenti. Sur les marchés étrangers, les entreprises ont tendance à comprimer leurs marges, alors qu'elles relèvent les prix sur le marché intérieur. L'automobile, le textile et le bâtiment figurent parmi les secteurs les plus affectés par un mouvement de baisse, malgré la mise en œuvre de politiques expansionnistes impulsées après les élections de 1981 : ajustement monétaire et défense du franc, encadrement du crédit, blocage des prix et des salaires. Si la réalisation du carré magique – croissance forte, niveau d'emploi élevé, stabilisation des prix et équilibre des échanges extérieurs – demeure l'objectif à atteindre, la récession du début des années 1980 verra aussi l'émergence de nouveaux défis à relever, parmi lesquels celui de l'étroite imbrication des progrès économiques et sociaux (sécurité sociale, chômage...).

7.1.2 Le cycle d'investissement de 1992-1993 ou comment transformer un fort ralentissement en récession

La récession de 1992-1993 illustre comment l'arrivée à son terme d'un cycle d'investissement peut muter en contraction de l'activité quand cette fin de cycle est accompagnée d'une politique monétaire à contretemps.

À la fin des années 1980, l'économie française connaissait une phase d'expansion particulièrement soutenue, affichant une croissance supérieure à 3 % pendant trois années consécutives. Elle était notamment portée par des dépenses d'investissement des entreprises en hausse de plus de 8 % par an de 1988 à 1990. L'emploi marchand progressait lui-même de plus de 2 % par an, permettant ainsi un recul du taux de chômage d'un point entre 1987 et 1990 et des gains de pouvoir d'achat du revenu des ménages proches de 4 % par an. Cette phase avait notamment été permise par un relâchement des politiques monétaires (en particulier aux États-Unis afin de contrer les risques récessifs nés du krach boursier de 1987) et budgétaires (à la faveur des importantes recettes fiscales associées au retour de la croissance). Les politiques économiques avaient ainsi joué de fait un rôle procyclique durant la phase d'expansion. Il en sera de même durant la phase suivante, mais en sens inverse avec une politique monétaire qui allait accentuer le tournant à la baisse de l'activité.

Au début des années 1990, le cycle économique se tempérait, en particulier dans les pays anglo-saxons avec l'arrêt de l'emballement immobilier. Le PIB se contractait aux États-Unis en 1991 et la récession de l'économie américaine propageait ses effets de ralentissement auprès de ses partenaires. Face à ce ralentissement, les entreprises en France ont mis un coup de frein à leurs investissements dès 1991 et l'emploi marchand a stagné cette même année. La baisse du chômage s'est ainsi enrayée, ce qui allait susciter une remontée soudaine de l'effort d'épargne des ménages et une stagnation de leur consommation à partir de 1991. La hausse de l'épargne des ménages (dont la part dans leur revenu est passée de 11,4 à 14,3 % entre 1989 et 1992) a en outre été attisée par une remontée des taux d'intérêt qui est intervenue à contretemps au regard de l'arrêt de la phase d'expansion du cycle de l'investissement des entreprises. En 1992, tandis que le ralentissement économique était déjà patent, les taux d'intérêt réels à trois mois ont été portés à 8,4 % contre 6 % en 1989 quand la croissance s'élevait à 4,5 %, ce qui a également contribué à la baisse des prix de l'immobilier.

Les mouvements de taux alors opérés sont à replacer dans un contexte international très spécifique. En butte respectivement à la récession économique et à l'éclatement d'une bulle boursière, États-Unis et Japon ont piloté drastiquement à la baisse leurs taux d'intérêt (-450 et -300 points de base respectivement entre 1989 et 1992). À l'inverse, au lendemain de sa réunification et du *boom* de la demande qui s'y est exercé avec la conversion à 1 pour 1 de la monnaie est-allemande en mark, l'Allemagne voyait l'inflation accélérer sensiblement. Elle était de 3,6 % puis de 4 % en 1991 et 1992. Le taux nominal allemand à trois mois a été relevé de 240 points de base entre 1989 et 1992. Ce faisant, le mark s'est apprécié entraînant dans son sillage les monnaies européennes qui lui sont arrimées dans le cadre du système monétaire européen (SME). Entre 1989 et 1992, le franc s'est ainsi apprécié de plus de 20 % contre le dollar. Ces tensions monétaires ont éclaté avec les dévaluations successives de la livre, de la lire, de la peseta et de l'escudo. Le franc a été attaqué et, si la bande de fluctuations vis-à-vis du mark a été élargie, la dévaluation a été évitée au moyen d'un relèvement des taux courts qui allaient culminer jusqu'à plus de 12 % début 1993.

L'investissement des entreprises, déjà chancelant avant la tourmente monétaire, n'y a pas résisté et s'est effondré de 7 % en 1993. Les entreprises ont également coupé dans leurs stocks pour préserver leur trésorerie, l'emploi marchand reculant pour sa part de 1,5 % et le chômage regagnant deux points par rapport à 1990. La consommation des ménages a stagné en conséquence et le PIB a alors reculé de 0,6 % en 1993. Une politique budgétaire de soutien déployée en 1993 et la détente progressive sur le front monétaire ont progressivement redonné un peu de marge de manœuvre, mais il aura fallu attendre la fin de l'année 1996 pour voir l'emploi marchand retrouver le niveau qui était le sien avant le ralentissement puis la récession de 1992-1993.

7.1.3 La Grande Récession de 2008-2009 : un choc de coût sur-amplifié par la crise financière mondiale

La récession de 2008-2009 présente plusieurs similitudes marquantes avec celle de 1992-1993. Un ralentissement économique était déjà en cours avant la récession. Il provenait du prélèvement majeur de pouvoir d'achat occasionné par la hausse des cours de la plupart des matières premières associée à l'explosion de la croissance chinoise (+12 % par an de 2004 à 2007). En Europe, les taux d'intérêt directeurs étaient encore à la hausse, alors que le ralentissement était déjà enclenché. Comme en 1992-1993, ce dernier a muté en récession profonde suite à la liquidation de la banque *Lehman Brothers* à l'origine d'une véritable conflagration financière. Le système monétaire et financier s'est bloqué et une crise d'accès à la liquidité a conduit à un effondrement soudain de l'activité, particulièrement dans le domaine industriel confronté à l'arrêt du commerce mondial à partir de l'automne 2008. Contrairement à celle de 1992-1993, la récession de 2008-2009 n'est donc pas française, ni européenne *stricto sensu* dans ses origines, mais elle s'inscrit bien dans un concert mondial. Elle se distingue plus encore de sa devancière par son ampleur. Le recul du PIB entre son point haut et son point bas a en effet été plus de quatre fois plus marqué en 2008-2009 que seize ans auparavant (-3,9 % contre -0,9 %, voir tableau 6.1).

La récession de 2008-2009 a fait suite à quatre années consécutives d'une croissance mondiale exceptionnellement vive (5 % en moyenne de 2004 à 2007). Nourrie par une progression débridée du crédit, celle-ci s'est échafaudée sur des déséquilibres courants croissants à l'échelle mondiale où le déficit courant américain avait pour contrepartie les excédents croissants dégagés par l'économie chinoise notamment. Ces excédents étaient recyclés aux États-Unis, ce qui contribuait à maintenir les taux d'intérêt à un niveau relativement bas et à nourrir la fringale d'endettement en vue d'investissements immobiliers au moyen d'une innovation financière débridée. Le marché immobilier américain s'est effondré à partir de la fin de l'année 2005, déclenchant un jeu de dominos dont le point d'orgue a été la liquidation de la banque *Lehman Brothers*. Parti des États-Unis, qui étaient entrés en récession dès décembre 2007 selon le NBER, le retournement à la baisse du cycle économique mondial s'est traduit par une contraction du PIB européen dès le printemps 2008.

Ce premier recul de l'activité était surtout une conséquence du prélèvement de pouvoir d'achat occasionné par l'envolée des cours des matières premières énergétiques comme agricoles. Cet essor des cours s'est poursuivi jusqu'à l'été 2008 quand le prix du pétrole a temporairement dépassé 140 dollars le baril (soit un quadruplement de son cours par rapport à 2003). Avant de céder la place à une franche rechute, cette hausse brutale avait entretemps conduit à une amputation du pouvoir d'achat du revenu des ménages, une pression sur le niveau des marges des entreprises dans les pays importateurs et, *in fine*, une restriction de la dépense des agents privés. Dans ce contexte marqué par l'exacerbation de la rareté, les craintes de voir ressurgir le spectre inflationniste ont culminé à l'été. Elles ont conduit à une remontée des taux directeurs en Europe, mais pas aux États-Unis déjà en récession. Cette hausse allait contribuer à renforcer encore l'euro contre le dollar en le portant à 1 euro pour 1,60 dollar à son sommet mi-juillet 2008.

Le retournement brutal de l'activité, couplé à l'amplification et l'exacerbation de la crise financière, a dissipé l'inquiétude inflationniste, lui substituant la crainte d'un retour de la déflation. Les turbulences des marchés financiers amorcées à l'été 2007 ont mué en une profonde crise du système bancaire et financier qui est venue amplifier les mécanismes récessifs déjà à l'œuvre. L'onde de choc issue de la faillite de *Lehman Brothers* en septembre 2008 a touché toutes les classes d'actifs. La fuite vers la liquidité et le climat de défiance généralisée se sont traduits par un gel du marché interbancaire, suscitant des interventions massives et multiformes des autorités monétaires. L'annonce de plans de soutien au secteur financier d'une rive à l'autre de l'Atlantique, comme du Pacifique, a permis de détendre quelque peu la situation sur les marchés monétaires, mais le canal du crédit a mis du temps avant de pouvoir fonctionner à nouveau. Les mécanismes de soutien de l'activité (baisse des taux, recul des prix des matières premières et activisme budgétaire) mis en place ont progressivement fait sentir leurs effets à partir du printemps 2009.

La récession de 2008-2009 tenait à ce que les limites de la combinaison d'une vive progression de l'endettement avec la valorisation des actifs avaient été atteintes. L'année 2009 avait ainsi ouvert une phase de recherche d'un nouveau modèle de croissance soutenable, mais aussi amorcé un mouvement de désendettement qui allait culminer – uniquement – en Europe dès 2011 avec le tournant vers une forte restriction budgétaire qui allait amener l'économie française à la lisière de la récession. L'enchaînement en Europe, en général, et en France, en particulier, a fait que le niveau d'emploi marchand qui avait été atteint au point haut de l'activité préalable à la récession de 2008 n'allait être retrouvé que huit ans plus tard à l'été 2016.

7.1.4 Le choc sanitaire de 2020

La pandémie de Covid-19 a fait basculer l'économie mondiale dans une des plus fortes crises de son histoire récente, totalement inédite par son ampleur et sa nature. En France, la diminution du PIB a été de 8,2 % en moyenne annuelle en 2020 selon les résultats des comptes trimestriels publiés à la fin du mois de février 2021 par l'Insee, et l'activité avait reculé de près de 20 % entre le quatrième trimestre 2019 et le deuxième trimestre 2019. Cette récession économique est la conséquence de trois chocs majeurs qui ont affecté quasiment simultanément la plupart des pays de la planète. Les mesures prophylactiques mises en place ont engendré un double choc d'offre et de demande : les mesures de confinement de la population ont, d'une part, fortement contraint la consommation, pesant en particulier sur le secteur des services, et, d'autre part, exercé de fortes contraintes sur le processus de production, obligeant les entreprises à s'adapter à de nouvelles conditions dictées par la sécurité sanitaire. Par ailleurs, les chocs d'offre nationaux se sont propagés à travers les chaînes d'approvisionnement mondiales, dont les ruptures ont privé certaines entreprises des intrants nécessaires à leur production. Enfin, l'économie mondiale a connu au pic de la crise un choc d'incertitude de grande ampleur. C'est la première fois, au cours de l'histoire récente, qu'un tel niveau de stress sanitaire affecte l'ensemble des pays de la planète. Cette incertitude radicale se traduit par l'incapacité des agents économiques à anticiper les événements, conduisant à des reports d'initiatives de la part des ménages et des entreprises. Si de tels comportements peuvent inciter à la constitution d'une épargne de précaution, la majeure partie de la hausse observée de l'épargne s'explique par la combinaison d'un niveau de revenu maintenu par les mesures de soutien et d'une consommation empêchée *de facto* par les mesures prophylactiques (fermeture des commerces et des activités, limitation des déplacements, etc.). À titre d'illustration, selon les comptes nationaux de la fin avril, le pouvoir d'achat des ménages s'inscrivait en légère hausse, en moyenne sur l'année 2020 (+0,2 %), alors que la consommation reculait de -7,0 %, portant le taux d'épargne des ménages français à 21,0 % de leur revenu disponible en 2020, contre 14,9 % en 2019.

Étant donné la nature du choc d'origine, le premier trimestre 2020 peut clairement être identifié comme le début de la récession liée à la pandémie de Covid-19. Le dernier trimestre de l'année 2019 correspond alors au pic du cycle économique. Toutefois, l'estimation des modèles présentés dans le chapitre 6 montre que le dernier trimestre 2019 est considéré comme le premier trimestre de récession. Il convient cependant de souligner que ce trimestre est marqué par les grèves dans les transports publics qui ont pesé sur l'économie française. Pour cette raison, il nous semble plus opportun d'identifier le premier trimestre 2020 comme celui marquant le début de la récession Covid-19, le pic ayant donc eu lieu au dernier trimestre de l'année 2019. À la date de rédaction de la première version de ce travail (juin 2021), il était encore trop tôt pour se prononcer sur une lecture de la récession liée à la pandémie de Covid-19 fondée sur le cycle des affaires[1].

La réunion du comité que nous avons tenue par la suite le 25 octobre 2021 nous a permis de dater le creux de la récession Covid au deuxième trimestre 2020 (Ferrara et Mignon, 2021). Si une telle conclusion peut sembler logique, elle n'était toutefois pas évidente en raison de l'incertitude qui domine encore aujourd'hui. Face au caractère inédit de ce cycle, le comité avait délibérément choisi d'attendre avant de se déterminer car, depuis le premier confinement de mars 2020, l'activité économique est restée dominée par les évolutions de l'épidémie de Covid-19 et des mesures sanitaires l'accompagnant. Les vagues successives de la pandémie auraient ainsi pu décaler au-delà du deuxième trimestre 2020 le point bas du cycle. Comme nous l'avons précédemment souligné, les comités de datation mettent en général beaucoup plus de temps pour identifier les sorties que les entrées en récession. À cet égard, au niveau de la zone euro, le comité de datation du CEPR-EABCN n'a annoncé la sortie de récession de la zone que le 10 novembre 2021, étant donnée la situation très hétérogène selon les pays.

1. Cela renvoie également aux possibles « effets de bord » induits par la crise sanitaire en fin de période, ne permettant naturellement pas, en juin 2021, de dater la sortie de récession. Mentionnons aussi le débat relatif à la nature même de la crise actuelle, pouvant être considérée soit comme une récession, soit comme un « point aberrant ». Notre travail va dans le sens de la première interprétation, la crise Covid-19 constituant un choc externe inédit avec des effets majeurs sur le plan macroéconomique.

Même si les confinements de novembre 2020 et d'avril 2021 ont pesé sur l'activité, l'investissement total des entreprises, l'emploi et le taux d'utilisation des capacités de production dans l'industrie sont restés sur une croissance continue depuis le deuxième trimestre 2020 ; la production industrielle et les heures travaillées ayant quant à elles connu une plus forte volatilité au cours de cette période. Si l'on s'intéresse en outre à la diffusion de la phase de rattrapage au sein de l'économie, il ressort que seuls cinq secteurs sur les quinze secteurs principalement marchands non agricoles ont connu une baisse entre le troisième trimestre 2020 et le premier trimestre 2021. Ces secteurs, qui sont ceux qui ont été les plus touchés par les confinements de novembre 2020 et d'avril 2021 (commerce, transport, hôtellerie et restauration, services aux ménages et industrie des matériels de transport), représentent moins de 20 % du PIB. La grande majorité des secteurs principalement marchands non agricoles, représentant près de 60 % de l'activité économique en 2019, ont à l'inverse enregistré une croissance au cours de cette période.

Ce choc qu'a connu l'économie française en 2020 est inédit à plusieurs égards. La phase du pic au creux du cycle aura été la plus courte depuis les années 1970, puisque sa durée est de deux trimestres, contre une moyenne de quatre trimestres pour les quatre précédents épisodes de récession identifiés. Mais cette récession est de loin la plus marquée en termes d'amplitude et de sévérité puisque la perte calculée de PIB s'élève à 18,4 % entre le pic et le creux, contre une moyenne de 1,6 % lors des précédentes récessions (Ferrara et Mignon, 2021).

Au-delà des périodes de récession que nous venons d'identifier, deux autres périodes sont considérées comme des ralentissements économiques, sans toutefois être caractérisées comme des récessions et sont décrites ci-après.

7.2 Périodes considérées comme des ralentissements économiques

7.2.1 Le ralentissement de 2002-2003 : de l'explosion de la bulle Internet aux politiques de désinflation compétitive

Au cours de la période 1997-2000, l'économie française profitait pleinement de l'accélération de la croissance mondiale *boostée* notamment par le secteur des Nouvelles Technologies de l'Information et de la Communication (NTIC) et la mise en place de la monnaie unique européenne. Avec un taux de croissance dépassant les 3 % en moyenne annuelle, ses performances égalaient les pics observés dix ans plus tôt, et étaient supérieures de plus de 1 point à celles constatées au même moment en Allemagne et en Italie. La balance commerciale française enregistrait de larges excédents (2,5 points de PIB en moyenne, contre 1,2 point pour l'Italie et un déficit de 1,2 point pour l'Allemagne) tandis que son taux de chômage baissait régulièrement et significativement, de 3 points de population active, soit sa plus forte décrue dans l'ère post choc pétrolier (contre près de 2 points en Allemagne et en Italie).

Mais cette croissance mondiale était instable, tirée entre autres par une « exubérance irrationnelle des marchés » qui surestimaient la valeur des entreprises de la « nouvelle économie », notamment aux États-Unis, et des taux d'intérêt très faibles. Suite à la remontée de ces derniers à la fin de l'année 1999, la bulle Internet (*dot-com bubble*) éclata en mars 2000, provoquant un effondrement du Nasdaq se propageant à l'ensemble des bourses. Le secteur des nouvelles technologies entra alors en récession, tandis que le reste de l'économie était affecté par de forts effets de richesse dus à d'importantes dépréciations d'actifs. La croissance mondiale s'effondra soudainement, passant de près de 5 % en 2000 à 2,4 % en 2001 et 2,9 % en 2002.

À ce choc de demande mondiale est venu se combiner un triple choc de compétitivité pour l'économie française. Le premier est associé au taux de change de l'euro. Introduit en 1999, la monnaie européenne, qui s'échangeait au taux d'un euro pour 1,18 dollar le 1er janvier 1999 a vu son taux passer à un euro pour 0,85 dollar en octobre 2000. Mais, à partir de cette date, l'euro a connu une forte appréciation de sa valeur dépassant les 1,05 dollar fin 2002 et sa valeur initiale fin 2003, amputant de fait la compétitivité des produits européens et français.

Le deuxième choc est lié à l'entrée de la Chine dans l'Organisation Mondiale du Commerce (OMC) en décembre 2001. Entrée comme la sixième puissance exportatrice représentant 6 % des exportations mondiales en biens, la Chine, en gardant la main sur sa politique industrielle et sa politique de change, a très rapidement gagné des parts de marché sur ses partenaires pour se hisser dès 2010 au premier rang des nations exportatrices avec 15 % des exportations mondiales.

Enfin, au cours de cette période, l'Allemagne, qui était initialement en situation de déficit extérieur, s'est lancée dans une stratégie de dévaluation compétitive. Celle-ci reposait sur une réforme du marché du travail de grande ampleur puisqu'elle permettait aux entreprises de recourir à une stratégie d'ajustement interne face à un choc en agissant sur les salaires et sur le temps de travail et par une baisse des cotisations sociales, notamment sur les nouvelles embauches.

Suite à ce triple choc, la France a vu sa position extérieure se détériorer entre 1997 et 2003, certes dans une moindre mesure que l'Italie ou l'Espagne – pays qui ont chacun perdu plus de 3 points de PIB – mais de manière néanmoins significative (1,9 point de PIB). Dans ce contexte international peu porteur, mais soutenu par une consommation des ménages toujours dynamique, la France, contrairement à l'Allemagne ou à l'Italie, échappe à la récession de l'économie dans son ensemble, mais connaît une récession de son secteur industriel et un ralentissement généralisé jusqu'à la mi-2003 (voir Adanero-Donderis *et al.*, 2009).

7.2.2 Le ralentissement de 2012-2013 : de l'austérité au « quoi qu'il en coûte » monétaire

Au début de l'année 2011, trois ans après l'éclatement de la bulle des *subprimes*, la France a, comme l'Allemagne et les États-Unis, retrouvé son niveau d'activité d'avant la crise, alors que le Royaume-Uni, l'Espagne ou l'Italie enregistrent encore un retard de production de 3 à 5 points de PIB par rapport à leur niveau de 2008. Malheureusement, le premier semestre 2011 voit s'interrompre le processus de reprise engagé deux ans auparavant : sous l'effet du basculement des politiques budgétaires européennes vers l'austérité, l'économie française entre dans une phase de stagnation, sans toutefois tomber en récession.

En réalité, c'est toute la zone euro qui est atteinte par cette deuxième phase de ralentissement et qui se retrouve alors distancée par les États-Unis. Fin 2013, ces derniers affichaient un niveau d'activité économique très largement supérieur à celui d'avant la crise (+ 6,1 points de PIB), là où l'Allemagne devait se contenter de la moitié (+ 3 points) et la France encore moitié moins (+ 1,5 point). Cette médiocre performance française peut cependant être relativisée : pour la zone euro tout entière, le retard de production était de 2,5 points. Ce n'est donc pas la France qui avait décroché par rapport à ses principaux partenaires européens, mais bel et bien l'Europe qui était devenue « l'élève malade » de l'économie mondiale.

Ainsi, durant les années 2011-2013, les politiques macroéconomiques en France et dans le reste de la zone euro, que ces dernières soient budgétaires, monétaires ou de change, ont fortement pesé sur la croissance européenne et française. Ces politiques ont eu des effets d'autant plus récessifs (i) qu'elles ont été appliquées alors que l'économie arborait encore des cicatrices de la récession (chômage élevé par exemple), (ii) qu'elles ont été menées de façon systématique dans l'ensemble des pays européens et (iii) qu'à une stratégie de consolidation budgétaire graduelle et lissée a été préférée une stratégie de réduction des déséquilibres publics rapide et agressive.

Une nouvelle positive réside toutefois dans la prise de conscience de cette erreur manifeste de politique économique par les grandes institutions internationales et les autorités monétaires. Du côté de la politique budgétaire, le fait le plus notable est le *mea culpa* du FMI en janvier 2013, l'institution internationale admettant en effet une sous-estimation de plus de 100 % de l'effet des politiques d'austérité de la zone euro sur la croissance au cours de cette période (Blanchard et Leigh, 2013). Dans leur article, les deux économistes concluent qu'« il semble prudent, pour le moment, lorsque l'on pense à la consolidation budgétaire, de supposer que les multiplicateurs sont plus élevés qu'avant la crise » ; ce qui revient à affirmer que l'impact de la consolidation budgétaire sur le chômage sera important tandis que la réduction des déficits publics sera faible. De nombreux autres travaux ont confirmé ce résultat et désormais, y compris pour la Commission européenne, le retour à l'équilibre des finances publiques doit s'effectuer de façon plus coordonnée, moins systématique et être accompagné par une politique monétaire plus accommodante. Cette dernière a d'ailleurs également connu un tournant : le 26 juillet 2012, huit mois après sa prise de fonction à la tête de la Banque Centrale Européenne (BCE), l'Italien Mario Draghi, succédant au Français Jean-Claude Trichet, face à une assemblée d'investisseurs à Londres, a annoncé que la BCE ferait « tout ce qui était nécessaire » pour préserver l'euro. Par ces trois mots (« *whatever it takes* »), le banquier central européen envoie le signal d'un changement de cap de la politique monétaire européenne. Depuis, la BCE joue enfin, comme ses homologues américaine, britannique ou japonaise, le rôle de prêteur en dernier ressort permettant de protéger les pays périphériques de la faillite et donc d'alléger la pression des marchés.

À la lecture de l'ensemble de ces éléments, il ressort que la période 2012-2013 est particulièrement complexe au sens où les signaux ne sont pas univoques. D'un côté, le fait que la zone euro dans son ensemble ait subi ce ralentissement économique et que celui-ci se soit diffusé sur les diverses variables considérées (tableau 6.2) tend à plaider pour que cet épisode soit considéré comme une récession. D'un autre côté, la faiblesse de la contraction du PIB durant cette période – sans commune mesure avec celle subie en 2008-2009 – et d'autres facteurs comme la hausse de la consommation du secteur public ou le niveau modéré de l'inflation – limitant la perte de pouvoir d'achat – tendent à nuancer et contrebalancer ce tableau. Au total et en lien avec la faiblesse du « A » de la règle DAD, même si cette période est caractérisée par un ralentissement marqué de la croissance en France, nous ne considérons pas que l'économie a basculé dans un régime de récession en 2011-2013.

Conclusion

Laurent FERRARA et Valérie MIGNON

L'étude historique des cycles économiques constitue un sujet de recherche de longue date et être à même de les dater permet d'éclairer l'analyse économique dans de multiples dimensions. En macroéconomie, une telle chronologie ou datation est ainsi utile pour déchiffrer et anticiper les fluctuations économiques au travers du cycle. Elle constitue aussi un outil fondamental pour les conjoncturistes dans l'étude et la classification des indicateurs économiques (avancés, retardés, coïncidents) par rapport au cycle de référence.

Au niveau international, disposer d'une telle datation rend possibles les comparaisons cycliques mondiales et l'étude de la synchronisation des cycles entre pays. Les travaux sur les relations entre cycles de l'économie réelle et cycles financiers pourront également bénéficier de l'existence d'une datation pour comparer les deux types de cycles. Disposer d'une chronologie de référence des points de retournement du cycle économique est ainsi très précieux dans le cadre des outils d'aide à la mise en place des politiques économiques.

Ce sont les États-Unis qui, les premiers, ont proposé en 1978, une chronologie officielle des points de retournement du cycle des affaires en créant un comité de datation au sein du *National Bureau of Economic Research* (NBER). S'inspirant de l'expérience américaine, le *Center for Economic and Policy Research* (CEPR) a lui aussi créé, pour l'Europe, un tel comité dont l'objectif est de proposer une chronologie des points de retournement du cycle des affaires pour la zone euro.

S'agissant de la France, le Comité de datation des cycles de l'économie française (CDCEF) créé en octobre 2020 par l'Association française de science économique (AFSE), composé de neuf économistes, a récemment proposé une datation trimestrielle de référence des périodes de récession et d'expansion de l'économie française. L'objectif est d'identifier les points de retournement du cycle des affaires économiques (*business cycle* ou encore cycle classique) pour l'économie française et d'établir ainsi une chronologie historique qui sera ensuite maintenue à jour.

Cet ouvrage a permis de rendre compte des travaux du CDCEF. Dater les phases du cycle économique n'étant pas une tâche aisée puisque les cycles sont par nature non observables, le CDCEF a mis en place une méthodologie reposant sur deux piliers. Le premier est quantitatif et consiste à mesurer le cycle économique à l'aide de différentes méthodes économétriques, à partir

Datation du cycle économique de la France par le CDCEF

	PIB	Durée	Amplitude	Sévérité
Pic T3	1974			
Creux	T3 1975	4	-2,7	5,4
Pic	T1 1980			
Creux	T4 1980	3	-0,7	1,0
Pic	T1 1992			
Creux	T1 1993	4	-0,9	1,8
Pic	T1 2008			
Creux	T2 2009	5	-3,9	9,7
Pic	T4* 2019			
Creux	T2* 2020	2	-18,4	18,4

Note : la durée de la phase baissière est exprimée en trimestres, l'amplitude en % et la sévérité est définie par l'équation suivante : $| 0{,}5 \times \text{Durée} \times \text{Amplitude} |$. La date t du pic correspond à la fin de la période d'expansion (i.e. la récession commence en $t+1$). La date t du creux correspond à la fin de la période de récession (i.e. l'expansion commence en $t+1$). * Par convention, les dates des deux derniers points de retournement sont considérées comme provisoires.

desquelles est obtenue une liste de dates possibles des récessions de l'économie française. Le second pilier est qualitatif et repose sur une approche narrative basée sur l'avis des experts composant le CDCEF (économistes, conjoncturistes, économètres, historiens). Ce filtre dit du « dire d'experts » est essentiel dans ce type d'exercice car, si les méthodes quantitatives constituent une aide précieuse à la décision qui sera *in fine* prise par le comité, leurs résultats ne peuvent pas pour autant être pris directement en compte sans analyse économique qualitative. L'approche narrative permet ainsi de valider, au regard de la situation économique prévalant lors des épisodes considérés, les périodes identifiées comme des récessions possibles par l'analyse économétrique précédente, sans nécessairement chercher à modifier les dates des pics et des creux.

À l'issue de l'application de cette méthodologie, cinq épisodes ont été identifiés comme des périodes de récession en France depuis 1970 : les chocs pétroliers de 1974-1975 et 1980, le cycle d'investissement de 1992-1993, la Grande Récession de 2008-2009 engendrée par la crise financière et le choc sanitaire lié à la pandémie de Covid-19. Les dates des points de retournement du cycle caractérisant ces récessions sont synthétisées dans le tableau ci-dessus et la figure ci-dessous.

Le choc qu'a connu l'économie française en 2020 est inédit à plusieurs égards (Ferrara et Mignon, 2021). La phase du pic au creux du cycle aura été la plus courte depuis les années 1970, puisque sa durée est de deux trimestres, contre une moyenne de quatre trimestres pour les quatre précédents épisodes de récession identifiés par le CDCEF depuis 1970 (chocs pétroliers de 1974-1975 et 1980, cycle d'investissement de 1992-1993 et Grande Récession de 2008-2009). Mais cette récession est de loin la plus marquée en termes d'amplitude et de sévérité puisque la perte de PIB est de 18,4 % entre le pic et le creux, contre une moyenne de 1,6 % lors des précédentes récessions (voir tableau ci-dessus).

PIB et cycle économique de la France

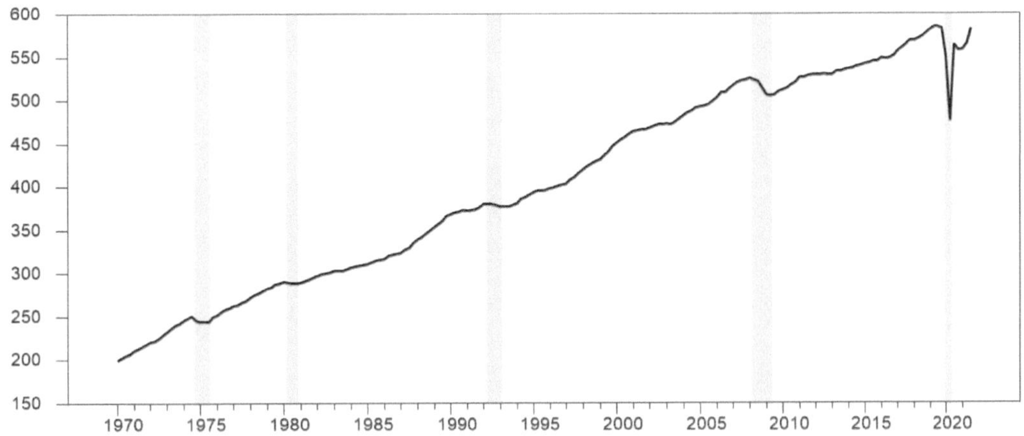

Note : Les barres grisées correspondent aux périodes de récession. Le PIB est exprimé en milliards d'euros constants (PIB trimestriel en volume aux prix de l'année précédente chaînés, source : Insee).

Si l'économie française a fortement rebondi en 2021 (+6,4 %) et progressé nettement en 2022 (+2,5 %), il ne faut pas oublier que cette croissance intervient après une baisse historique du PIB de 7,5 % en 2020. De plus, les études empiriques soulignent le caractère souvent dévastateur des récessions sur la croissance de long terme ; ce sont les effets d'hystérèse mis en évidence dans les années 1980. Il est maintenant bien établi empiriquement que les cycles peuvent affecter les facteurs de la croissance potentielle des économies, notamment les performances à long terme du marché du travail (voir Fatas, Cerra et Saxena, 2020). La France ne semble pas échapper à ce phénomène puisque le PIB est passé d'une croissance moyenne d'environ 1,3 % par trimestre sur la période 1970-1974 à une croissance de l'ordre de 0,3 % par trimestre sur la période 2009-2019.

Au total, même si le point bas du cycle lié à la pandémie de Covid-19 est derrière nous et que l'économie française est à ce jour dans une phase de rattrapage de son activité, les expériences passées nous enseignent qu'il convient de rester vigilants sur la croissance future, notamment s'agissant du support des politiques économiques à l'activité.

Bibliographie

Adanero-Donderis M., Darné O. et Ferrara L. (2009), « Un indicateur probabiliste du cycle d'accélération pour l'économie française », *Économie et Prévision*, 189(3), p. 95-114.

Adrian T., Boyarchenko N. et Giannone D. (2019), « Vulnerable growth », *American Economic Review*, 109(4), p. 1236-1289.

Aimar T., Bismans F. et Diebolt, C. (2016), *Business Cycles in the Run of History*, Berlin, Springer.

Allard P. (1994), « Un repérage des cycles du PIB en France depuis l'après-guerre », *Économie et Prévision*, 112, p. 19-34.

Anas J., Billio M., Ferrara L. et Lo Duca M. (2007), « A Turning Point Chronology for the Euro-zone », University of Venice, *Working Paper* n° 33.

Anas J. et Ferrara L. (2004), « Turning point detection: The ABCD approach and two probabilistic indicators », *Journal of Business Cycle Measurement and Analysis*, 1(2), p. 1-36.

Artis M., Krolzig H-M. et Toro J. (2004), « The European business cycle », *Oxford Economic Papers*, 56(1), p. 1-44.

Artis M., Marcellino M. et Proietti T. (2004), « Dating Business Cycles: A Methodological Contribution with an Application to the Euro Area », *Oxford Bulletin of Economics and Statistics*, 66(4), p. 537-565.

Aviat A., Bec F., Diebolt C., Doz C., Ferrand D., Ferrara L., Heyer E., Mignon V. et Pionnier P.-A. (2023), « Les cycles économiques de la France : une datation de référence », *Revue Économique*, 74(2), p. 5-52.

Beaudry P. et Portier F. (2019), « Duration dependence in US expansions: A re-examination of the evidence », *Economic Letters*, 183 C, p. 1-10.

Bec F. et Ben Salem M. (2013), « Inventory investment and the business cycle: the usual suspect », *Studies in Nonlinear Dynamics and Econometrics*, 17, p. 335-343.

Bec F., Bouabdallah O. et Ferrara L. (2015), « Comparing the shape of recoveries: France, the UK and the US », *Economic Modelling*, 44 (C), p. 327-334.

Beveridge S. et Nelson C.R. (1981), « A New Approach to Decomposition of Economic Time Series into Permanent and Transitory Components with Particular Attention to Measurement of the Business Cycle », *Journal of Monetary Economics*, 7, p. 151-174.

Bismans F. et Mougeot C. (2008), « La théorie autrichienne du cycle économique : un test économétrique », *Revue Française d'Économie*, 22, p. 73-102.

Blanchard O. et Leigh D. (2013), « Growth Forecast Errors and Fiscal Multipliers », *IMF Working Papers*, n° 2013/1, janvier.

Boehm E. et Moore G.H. (1984), « New Economic Indicators for Australia », 1949-84, *The Australian Economic Review*, Q4, p. 34-56.

Borio C., Drehmann M. et Xia D. (2018), « The financial cycle and recession risk », *BIS Quarterly Review*, December, p. 59-71.

Bosserelle E. (1994), *Le cycle Kondratieff. Théories et controverses*, Masson.

Box G.E.P. et Jenkins G.M. (1970), *Time Series Analysis, Forecasting and Control*, Holden Day, San Francisco.

Bry G. et Boschan C. (1971), *Cyclical Analysis of Time Series: Selected Procedures and Computer Programs*, National Bureau of Economic Research, Inc.

Burns A.F. et Mitchell W. (1946), *Measuring Business Cycles*, NBER, Studies in Business Cycles, No. 2, Manufactured in the U.S.A. by H. Wolff, New York.

Caggiano G., Castelnuovo E. et Grosheny N. (2014), « Uncertainty shocks and unemployment dynamics in US recessions », *Journal of Monetary Economics*, 67 (C), p. 78-92.

Camacho M., Perez-Quiros G. et Saiz L. (2008), « Do European business cycles look like one? », *Journal of Economic Dynamics and Control*, 32(7), p. 2165-2190.

Candelon B. et Hénin P.-Y. (1995), « La récession des années quatre-vingt dix a-t-elle été exceptionnelle ? », *Économie et Prévision*, 120(4), p. 51-71.

Cogley T. et Nason J.M. (1995), « Effects of the Hodrick-Prescott filter on trend and difference stationary time series. Implications for business cycle research », *Journal of Economic Dynamics and Control*, 19(1-2), p. 253-278.

Cornec M. (2006), « Analyse factorielle dynamique multi-fréquence appliquée à la datation de la conjoncture française », *Économie et Prévision*, 172, p. 29-43.

Cotis J.-P. et Coppel J. (2005), « Business Cycle Dynamics in OECD Countries: Evidence, Causes and Policy Implications », dans C. Kent et D. Norman (dir.), *The Changing Nature of the Business Cycle*, Reserve Bank of Australia.

Damette O. et Rabah Z. (2010), « La datation du cycle français : une approche probabiliste », *Revue Française d'Économie*, 24(4), p. 135-163.

Darné O. et Ferrara L. (2011), « Identification of slowdowns and accelerations for the euro area economy », *Oxford Bulletin of Economics and Statistics*, 73(3), p. 335-364.

Diebold F.X. et Rudebusch G.D. (1996), « Measuring business cycles: A modern perspective », *The Review of Economics and Statistics*, 78(1), p. 67-77.

Diebold F.X., Rudebusch G.D. et Sichel D. (1993), « Further Evidence on Business-Cycle Duration Dependence », dans J.H. Stock et M.W. Watson (dir.), *Business Cycles, Indicators and Forecasting*, NBER Chapters, University of Chicago Press, p. 255-284.

Diebolt C. (2009), *Business Cycle Theory before Keynes*, Rome, Aracne.

Diebolt C. et Doliger C. (2006), « Une analyse spectrale renouvelée de la croissance comparée des séries du PIB dans les pays de l'OCDE : 1870-2000 », *Économie Appliquée*, 59(4), p. 33-58.

Doz C. et Lenglart F. (1999), « Analyse factorielle dynamique : test du nombre de facteurs, estimation et application à l'enquête de conjoncture dans l'industrie », *Annales d'Économie et de Statistique*, 54, p. 91-127.

Doz C. et Petronevich A. (2015), « Dating business cycle turning points for the French Economy: a MS-DFM Approach », *Dynamic Factor Models (Advances in Econometrics)*, Vol. 35., Emerald Group Publishing Limited, Bingley, p. 481-538.

Doz C., Rabault G. et Sobczak N. (1995), « Décomposition tendance-cycle : estimations par des méthodes statistiques univariées », *Économie et Prévision*, 120(4), p. 73-93.

Fatas A., Saxena S.C. et Cerra V. (2021), « The persistence of a COVID-induced global recession », VoxEU, 14 mai.

Fayolle J. (1993), « Décrire le cycle économique », *Revue de l'OFCE*, 45(1), p. 161-197.

Ferrara L. (2003), « A Three-Regime Real-Time Indicator for the US Economy », *Economic Letters*, 81, p. 373-378.

Ferrara L. (2009), « Caractérisation et datation des cycles en zone euro », *Revue Économique*, 60(3), p. 703-712.

Ferrara L. et Guégan D. (2005), « Detection of the industrial business cycle using SETAR models », *Journal of Business Cycle Measurement and Analysis*, 2(3), p. 353-372.

Ferrara L. et Mignon V. (2021), « Récession économique française : le creux est passé, mais les effets perdurent », *The Conversation*, 21 novembre 2021.

Filardo A. (1994), « Business Cycle Phases and Their Transitional Dynamics », *Journal of Business and Economic Statistics*, 12(3), p. 299-308.

Forni M., Hallin M., Lippi M. et Reichlin L. (2000), « The Generalized Dynamic-Factor Model : Identification and Estimation », *Review of Economics and Statistics*, 82, p. 540-554.

Fuller W.A. (1976), *Introduction to Statistical Time Series*, Wiley, New York.

Hamilton J. (1989), « A New Approach to the Economic Analysis of Nonstationary Time Series and the Business Cycle », *Econometrica*, 57(2), p. 357-384.

Hamilton J. (1990), « Analysis of time series subject to changes in regime », *Journal of Econometrics*, 45(1-2), p. 39-70.

Hamilton J. (2018), « Why You Should Never Use the Hodrick-Prescott Filter », *The Review of Economics and Statistics*, 100(5), p. 831-843.

Hansen B.E. (1996), « Inference when a nuisance parameter is not identified under the null hypothesis », *Econometrica*, 64, p. 413-430.

Hansen B.E. (1997), « Inference in TAR Models », *Studies in Nonlinear Dynamics and Econometrics*, 2, p. 1-14.

Harding D. et Pagan A. (2002), « Dissecting the cycle: A methodological investigation », *Journal of Monetary Economics*, 49, p. 365-381.

Harding D. et Pagan A. (2003), « A comparison of two business cycle dating methods », *Journal of Economic Dynamics and Control*, 27, p. 1681-1690.

Harding D. et Pagan A. (2006), « Synchronisation of Cycles », *Journal of Econometrics*, 132, p. 59-79.

Juglar C. (1862), *Des crises commerciales et de leur retour périodique en France, en Angleterre et aux États-Unis*, Guillaumin et Cie, Paris.

Keynes J.M. (1936), *The General Theory of Employment, Interest, and Money*, Harvest/Harcourt, New York, 1991. (Trad. franç. : *Théorie générale de l'emploi, de l'intérêt et de la monnaie*, Petite bibliothèque Payot, Paris, 1969.)

Keynes J.M. (1939), « Professor Tinbergen's Method », *Economic Journal*, 49, p. 558-568.

Kim C.-J. (1994), « Dynamic linear models with Markov-Switching », *Journal of Econometrics*, 60(1-2), p. 1-22.

Kim C.-J., Piger J. et James M. (2005), « Nonlinearity and the Permanent Effects of Recessions », *Journal of Applied Econometrics*, 20(2), p. 291-309.

Kitchin J. (1923), « Cycles and trends in economic factors », *Review of Economics and Statistics*, 5(1), p. 10-17.

Kondratieff N.D. (1992), *Les grands cycles de la conjoncture*, Economica.

Krolzig H.M. (2001), « Markov-Switching procedures for dating the Euro-zone business cycle », *Quarterly Journal of Economic Research*, 3, p. 339-351.

Kuznets S. (1929), « Random Events and Cyclical Oscillations », *Journal of the American Statistical Association*, 24, p. 258-275.

Luukkonen R., Saikkonen P. et Teräsvirta T. (1988), « Testing Linearity Against Smooth Transition Autoregressive Models », *Biometrika*, 75, p. 491-499.

Luukkonen R. et Teräsvirta T. (1991), « Testing Linearity of Economic Time Series Against Smooth Cyclical Asymmetry », *Annales d'Économie et de Statistique*, 20/21, p. 125-142.

Majetti R. (2012), « Caractérisation et datation des cycles économiques : le cas français », *Revue d'Économie Politique*, 122(3), p. 365-403.

Mazzi G.L. et Savio G. (2006), *Growth and Cycles in the Eurozone*, Palgrave-Macmillan, New York.

Minsky H.P. (1986), *Stabilizing an Unstable Economy*, Mc Graw-Hill, 2008.

Mintz I. (1969), « Dating post-war business cycles: Methods and their application to Western Germany, 1950-1967 », *NBER Occasional Paper*, No. 107.

Morgan M.S. (1990), *The History of Econometric Ideas*, Cambridge University Press, Cambridge.

Murray C.J. (2003), « Cyclical Properties of Baxter-King Filtered Time Series », *The Review of Economics and Statistics*, 85(2), p. 472-476.

Nelson C.R. (1972), « The Prediction Performance of the FRB-MIT-PENN Model of the U.S. Economy », *American Economic Review*, 62, p. 902-917.

Nelson C.R. et Plosser C.I. (1982), « Trends and Random Walks in Macroeconomic Time Series », *Journal of Monetary Economics*, 10, p. 139-162.

Newey W.K. et West K.D. (1987), « A Simple, Positive Semi-Definite, Heteroskedasticity and Autocorrelation Consistent Covariance Matrix », *Econometrica*, 55(3), p. 703-708.

Nguiffo-Boyom M. (2006), « Un indicateur de retournement conjoncturel pour la France : une application du modèle à facteur avec changements de régimes », *Économie et Prévision*, 172, p. 101-114.

Orphanides A. et van Norden S. (2002), « The unreliability of output-gap estimates in real time », *The Review of Economics and Statistics*, 80(4), p. 569-583.

Peersman G. et Smets F. (2001), « Are the effects of monetary policy in the euro area greater in recessions than in booms? », *European Central Bank Working Paper*, n° 52.

Perron P. (1989), « The Great Crash, the Oil Price Shock and the Unit Root Hypothesis », *Econometrica*, 57, p. 1361-1401.

Portier F. (1994), « Les ajustements de prix et des salaires : enjeux théoriques et mesure statistique », *Économie et Statistique*, 273(1), p. 53-73.

Potter S. (1995), « A nonlinear approach to US GNP », *Journal of Applied Econometrics*, 10(2), p. 109-125.

Rabault G. (1993), « Une application du modèle de Hamilton », *Annales d'Économie et de Statistique*, 30, p. 57-83.

Schumpeter J.A. (1939), *Business Cycles. A Theoretical, Historical and Statistical Analysis of the Capitalist Process*, 2 vol., McGraw-Hill Book Co., London.

Schumpeter J.A. (1954), *History of Economic Analysis*, Oxford University Press, Oxford.

Sims C. (ed.) (1977), *New Methods in Business Cycle Research: Proceedings from a Conference*, Federal Reserve Bank of Minneapolis.

Sims C. et Zha T. (2006), « Were there regime switches in US monetary policy? » *American Economic Review*, 96(1), p. 54-81.

Stock J.H. et Watson M.W. (1991), « A Probabilistic Model of Coincident Economic Indicators », in Lahiri, K., Moore, G.H. (eds) *Leading Economic Indicators: New Approaches and Forecasting Records*, Cambridge University Press, Cambridge, p. 63-90.

Stock J. et Watson M. (2014), « Estimating turning points using large data sets », *Journal of Econometrics*, 178(2), p. 368-381.

Teräsvirta T. (1994), « Specification, Estimation, and Evaluation of Smooth Transition Autoregressive Models », *Journal of the American Statistical Association*, 89, p. 208-218.

Teräsvirta T. et Anderson H. (1992), « Characterizing nonlinearities in business cycles using Smooth Transition Autoregressive Models », *Journal of Applied Econometrics*, 7 (S), p. 119-136.

Teräsvirta T., Tjøstheim D. et Granger C. (2010), *Modelling Nonlinear Economic Time Series*, Oxford University Press.

Tiao G.C. et Tsay R.S. (1994), « Some advances in nonlinear and adaptive modeling in time-series », *Journal of Forecasting* 13, p. 109-131.

Tinbergen J. (1937), *An Econometric Approach to Business Cycle Problems*, Hermann, Paris.

Tong H. (1990), *Nonlinear Time Series: A Dynamical System Approach*, Oxford University Press.

Tong H. et Lim K.S. (1980), « Threshold Autoregression, Limit Cycles, and Cyclical Data », *Journal of the Royal Statistical Society*, B42, p. 245-292.

Zarnowitz V. et Ozyldirim A. (2006), « Time series decomposition and measurement of business cycles, trend and growth cycles », *Journal of Monetary Economics*, 53, p. 1717-1739.

Les auteurs

Les auteurs du présent ouvrage sont membres du Comité de datation des cycles de l'économie française (CDCEF). Ce comité, créé en octobre 2020 au sein de l'AFSE (Association française de science économique), rassemble des universitaires et institutionnels spécialistes de macroéconomie, d'analyse conjoncturelle, d'histoire économique et d'économétrie.

Antonin AVIAT est Ministre-conseiller en charge des affaires économiques et chef du service économique régional de l'ambassade de France aux États-Unis depuis 2021. Il était auparavant sous-directeur en charge du diagnostic et des prévisions macroéconomiques à la Direction générale du Trésor. Diplômé de l'ENSAE et de l'EHESS, il a démarré sa carrière à l'INSEE en 2006, au sein des comptes nationaux trimestriels. Ses travaux portent sur la macroéconomie, l'économie internationale et la zone euro.

Frédérique BEC est Professeur des Universités à CY Cergy Paris Université et rattachée aux laboratoires Thema et CREST. Elle est responsable du Master 2 Ingénierie Économique et de l'Analyse des Données (IEAD) et membre du Conseil National des Universités. Après avoir obtenu son doctorat et son habilitation à diriger des recherches en sciences économiques à l'Université Paris 1, Frédérique Bec a été nommée Maître de conférences à l'Université Paris 1, puis Professeur des Universités à Lille 2. Elle a également été nommée Professeur à l'ENSAE et a été membre du Haut Conseil des Finances Publiques (HCFP). Ses thèmes de recherche portent sur la macroéconomie et la finance internationales, l'économétrie des séries temporelles non linéaires et la prévision.

Emmanuel BÉTRY est sous-directeur en charge du diagnostic et des prévisions macroéconomiques à la Direction générale du Trésor. Il est diplômé de l'Institut d'études politiques de Paris et ancien élève de l'École nationale d'administration. Il a rejoint la DG Trésor en 2009, où il a notamment été chef du bureau de l'analyse conjoncturelle, chef du bureau des transports et de l'énergie et chef du pôle d'analyse économique du secteur financier, ainsi que secrétaire général du Haut Conseil de stabilité financière. Il a également occupé le poste de conseiller financier à l'ambassade de France à Londres. Ses travaux portent sur l'analyse et la prévision économiques pour la France et les grands pays avancés.

Claude DIEBOLT est Directeur de Recherche CNRS au sein du Bureau d'Économie Théorique et Appliquée (BETA) à l'Université de Strasbourg depuis 2004. Il est responsable du Groupe de recherche en « Cliométrie et Histoire de la Pensée Économique » du BETA, laboratoire qu'il a dirigé de 2009 à 2012. Il a présidé la section 37 (Économie et Gestion) du Comité National de la Recherche Scientifique (2016-2021), la Cliometric Society américaine (2014-2015), l'Association Française de Science Économique (2018-2019) et est le président fondateur de l'Association Française de Cliométrie (2001). Il est en outre le fondateur et le rédacteur en chef de la revue *Cliometrica* et l'éditeur du *Handbook of Cliometrics*. Ses travaux portent principalement sur la cliométrie du capital humain, de la croissance et des cycles économiques en France et en Allemagne.

Catherine DOZ est Professeur des Universités à l'Université Paris 1 et Professeur à Paris School of Economics. Ancienne élève de l'École Normale Supérieure et agrégée de mathématiques, elle est titulaire d'un doctorat et d'une habilitation à diriger des recherches en sciences économiques. Elle a commencé sa carrière comme enseignante à l'ENSAE, puis a été Chargée de mission à la Direction de la Prévision du Ministère de l'Économie et des Finances, où elle a travaillé à la construction d'indicateurs conjoncturels. Elle a ensuite rejoint l'Université de Cergy-Pontoise en 1996 où elle a été nommée Professeur en 1999 avant d'être mutée à l'Université Paris 1 en 2009. Ses travaux concernent principalement la modélisation statistique des séries temporelles et, en particulier, les modèles à facteurs dynamiques.

Denis FERRAND, docteur en économie internationale de l'Université Pierre Mendès-France de Grenoble, est Directeur Général de Rexecode depuis décembre 2008. Il est également membre du Conseil National de l'Industrie et du Conseil d'Orientation pour l'Emploi au titre de personnalité qualifiée et chroniqueur pour *Les Echos*. Il a été Président de la Société d'Économie Politique de 2016 à 2021. Après avoir été enseignant-chercheur à l'Université de Grenoble et conduit des études de terrain en Asie (Thaïlande) dans le cadre de sa thèse de doctorat, Denis Ferrand rejoint Rexecode en 2000 en tant qu'économiste. Il y est notamment en charge de l'analyse de la conjoncture et des prévisions de l'économie française. Il a également développé les travaux sur la compétitivité du système productif en France.

Laurent FERRARA est Professeur d'économie internationale à SKEMA Business School depuis septembre 2019. Docteur en mathématiques appliquées de l'Université Paris Nord et titulaire d'une habilitation à diriger des recherches en sciences économiques, il était auparavant chef du service des Synthèses et études macroéconomiques internationales à la Banque de France. Il enseigne à l'École d'Économie de Paris, a été Professeur associé à l'Université Paris Nanterre et est chercheur associé à EconomiX. Président et fondateur du Comité de datation des cycles de l'économie française, il a également la charge de la section MacroFor de l'International Institute of Forecasters. Il est éditeur associé des revues *International Journal of Forecasting* et *International Economics*. Ses travaux portent sur l'économie et la finance internationales, la prévision macroéconomique, la modélisation économétrique non linéaire et l'analyse des cycles.

Éric HEYER, docteur en sciences économiques, est, depuis janvier 2015, Directeur du département analyse et prévision à l'Observatoire Français des Conjonctures Économiques (OFCE). Il a été membre du Haut Conseil des Finances Publiques (HCFP) de mars 2018 à mars 2023. Il enseigne à Sciences Po Paris et à l'Université de la Méditerranée. Il a de nombreuses publications dans le domaine de l'organisation de la production, du marché du travail, sur la modélisation macroéconomique et sur les perspectives à court terme de l'économie française, européenne et mondiale. Chaque année, il travaille directement avec le Sénat, l'Assemblée nationale et le ministère du Travail dans l'élaboration des perspectives à moyen terme de l'économie française.

Valérie MIGNON est Professeur des Universités à l'Université Paris Nanterre, directrice du Master Économie internationale, politiques macroéconomiques et conjoncture (EIPMC) et responsable de l'axe Macroéconomie Internationale, Finance, Matières Premières et Économétrie Financière d'EconomiX, laboratoire de recherche dont elle a assuré la direction de 2011 à 2019. Elle est Présidente de la section 05 (sciences économiques) du Conseil National des Universités depuis 2019, conseiller scientifique au CEPII, secrétaire générale de l'Association Française de Sciences Économiques (AFSE) qu'elle a présidée en 2020-2021, membre du Cercle des économistes et co-rédactrice en chef de la revue *International Economics*. Ses travaux portent sur la macroéconomie et la finance internationales, les marchés de matières premières, l'économétrie des séries temporelles et des données de panel.

Pierre-Alain PIONNIER est économiste senior au Département des affaires économiques de l'OCDE. Diplômé de l'École Polytechnique et de l'ENSAE, il était auparavant chef de la division des études macroéconomiques à l'INSEE. Ses travaux portent sur l'analyse macroéconomique, les prévisions macroéconomiques à court terme, les comptes nationaux et les statistiques macroéconomiques.

Imprimé en France. - DUPLIPRINT, 733, rue Saint-Léonard, 53100 MAYENNE
N° 2993631A - Dépôt légal : octobre 2024